TEXTES LITTERAIRES

Collection dirigée par Keith Cameron

LVIII

LES PERLES,

OU

LES LARMES DE LA SAINCTE MAGDELEINE

CESAR DE NOSTREDAME

LES PERLES, OU LES LARMES
DE LA SAINCTE MAGDELEINE

Edition critique

par

Robert T. Corum, Jr.

University of Exeter

© R. J. Corum

ISSN 0309 - 6998
ISBN 0 85989 207 7

February 1986

Printed and bound in Great Britain by
Short Run Press Ltd., Exeter

INTRODUCTION

Il existe très peu de faits concernant la vie de César de Nostredame. Fils aîné du célèbre astrologue et médecin Michel de Nostradamus (1503-1566), César naquit le 18 décembre 1553 à Salon et mourut à Saint-Rémy, probablement de la peste, en 1629. D'origine juive, il se maria assez tard avec Claire de Grignan; il mourut sans enfants. César fit son droit à Avignon, et devint premier consul de Salon en 1598. Avec Malherbe, César appartenait au cénacle littéraire formé à la cour du Grand Prieur à Aix-en-Provence. Tout comme le fit le père de César, son oncle Jean de Nostredame laissa lui aussi un certain renom dans l'histoire. Il écrivit *Les Vies des plus célèbres et anciens poètes provençaux*, publié en 1575, qui, dès sa parution, fut condamné pour ses nombreuses erreurs et fabrications. Selon toute vraisemblance, César suivit le conseil de son père offert à l'enfant dans la Préface de ses *Centuries*, car il ne s'occupa ni d'astrologie ni de prédictions.

César consacra sa vie aux arts. Louis Mouan déclare que le fils du prophète "jouit, de son temps, d'une grande réputation comme historien, poète et peintre distingué"(1). A cette liste de qualités il faut ajouter celle de musicien, car il aurait été un excellent joueur de luth. De son vivant ce fut comme peintre et historien que César acquit une renommée. Il étudia la peinture sous trois maîtres relativement éminents, François Quesnel, Martin Fréminet et Etienne Dumonstier. César exécuta deux portraits en miniature de Henri IV et de Marie de Médicis qu'il leur présenta lors de l'entrée royale à Salon en 1600. De nos jours il n'existe aucune trace de ces deux portraits, mais la Bibliothèque Méjanes à Aix-en-Provence conserve un portrait de son père et un autoportrait, peints vers 1615-1620. En outre, au Musée Calvet à Avignon se trouve un deuxième portrait du père attribué à César. La Bibliothèque Méjanes possède un volume manuscrit intitulé "Registre de tous les seigneurs, gentilshommes et familles nobles de la

---

(1) Louis Mouan, "Aperçus littéraires sur César Nostradamus et ses lettres inédites à Peiresc", *Mémoires de l'Académie d'Aix*, 10 (1873), p. 410.

comté [sic] de Provence avec leurs armoiries et blasons," qui est sans doute de la main de César. En effet, les allusions à l'art du peintre foisonnent dans l'oeuvre de César. Il est certain que notre poète aurait apprécié la remarque de son contemporain Louis Richeome: "Car il n'y a rien qui plus délecte et qui fasse plus suavement glisser une chose dans l'âme que la peinture, ni qui plus profondément la grave en la mémoire"(2). Dans la littérature de dévotion, où l'image visuelle occupe une place de prime importance, les techniques "picturales" de César prennent un grand essor.

Avant le livre magistral de Terence Cave, *Devotional Poetry in France, c. 1570-1613*, dans lequel il consacre un chapitre à César, les renvois à ses écrits portaient pour la plupart sur son oeuvre d'historien. Son *opus magnum* dans ce genre est *L'Histoire et chronique de Provence* (1614), qui lui valut le brevet de gentilhomme ordinaire de la chambre du roi Louis XIII. C'est un livre de plus de 1.000 pages, divisé en huit parties, qui traite de l'histoire provençale depuis ses origines jusqu'en 1600. La neuvième partie, portant sur la période 1601-1619, reste inédite. Le jugement critique sur cet ouvrage est négatif en raison de nombreuses erreurs de fait, le style ampoulé et le parti pris flagrant de l'auteur quand il blâme ou loue ses contemporains(3). Quels que soient les défauts de l'ouvrage historique de César, le livre est parsemé de remarques personnelles sur sa propre famille et sur ses autres ouvrages. On apprend, par exemple, que son père reçut la visite du roi Charles IX quand César avait dix ans environ: "... il [son père] entretint fort longtemps ce jeune Roy, et la Royne Regent [sic] sa mere, qui eurent ceste humaine curiosité de voir toute sa petite famille, jusques à une fille de laict. Et de ce me souviens fort bien, car je fus de la partie (p. 802)". Son affection profonde pour son pays natal se dessine très nettement dans la Préface, où il l'appelle: "Une seconde Palestine, une terre Saincte et sacree heureusement enrichie de la plupart des venerables et sainctes restes de la famille de Dieu (p. 1)". - allusion évidente à la légende selon laquelle Marie-Madeleine fut enterrée en Provence.

En plus, César composa une épopée en 17 livres, contenant à peu près 17.000 vers, *L'Hippiade, ou Godefroy et*

---

(2) Louis Richeome, *Peinture spirituelle*, 1605, cité dans Jean Seznec, *La Survivance des dieux antiques*, nouv. éd., Paris, Flammarion, 1980, p. 244.

(3) Voir, par ex., Mouan, pp. 441-444, et Raoul Busquet, *Nostradamus, sa famille et son secret*, Paris, Fournier, 1950.

les chevaliers. Ce long poème ne fut jamais imprimé. Bien que le manuscrit date de 1622, le poète travaillait à l'oeuvre bien avant cette date, car il s'y réfère plusieurs fois dans les Préfaces d'autres oeuvres publiées en 1606 et 1608. Dans un article paru en 1829, Charles Nodier souligne les mêmes défauts que d'autres commentateurs reprocheront plus tard à son *Histoire*: "laxité verbeuse" et "abondance redondante"(4). Dans la Préface de l'oeuvre César fait preuve de la même suffisance qui s'étale dans l'*Histoire*:

> Je diray avec quelque rayon de vanité que soubs la faveur de trois présens que les trois Graces m'ont faits, et la fureur de ces trois dieux Apollon, Apelle et Orphée: auxquels je n'ay jamais cessé de faire des voeux et des continuelz sacrifices, j'ay non seulement quelque advantage par dessus beaucoup de petits et mediocres escrivains, mais que plusieurs sortes d'esprits, haults, moyens et bas, trouveront de quoi se paistre aux divers plats de ce banquet, et contenter leurs oreilles aux concerts de ceste musique (cité par Nodier, pp. 81-82).

Et Nodier d'ironiser:

> ... mais tout inspirés que soient les poètes, il ne faut pas les croire sur parole quand ils prophétisent leur gloire, et l'expérience a prouvé que les prédictions de César de Nostredamus ne valoient pas mieux que celles de son père (p. 89).

Le premier critique qui aborde César dans un désir plus sérieux est Louis Mouan, dont un long article paraît en 1873(5). Adhérent fidèle à l'opinion reçue de son époque, Mouan classe César parmi "les grotesques" de Théophile Gautier(6), ces poètes du "premier" dix-septième siècle qui eurent le malheur de se soustraire aux restreintes salubres imposées par le Classicisme. Pour Mouan la qualité maîtresse de César est son imagination débordante:

---

(4) Charles Nodier, *Mélanges tirés d'une petite bibliothèque*, Paris, Crapelet, 1829, p. 77.

(5) Voir ci-dessus, note (1).

(6) Théophile Gautier, *Les Grotesques*, Paris, Desessart, 1844.

VIII

Remarquons toutefois que notre poète n'est pas
dépourvu d'imagination. Malheureusement il ne sait
pas en comprimer les écarts; il y a de la verve dans
ses conceptions, mais c'est une verve déréglée. Des
pensées ingénieuses au lieu de se dégager nettement,
disparaissent en quelque sorte sous un amas de
paroles oiseuses, bonnes tout au plus à dérouter le
lecteur (p. 410).

Ainsi les défauts de César, selon Mouan, sont-ils dus à
l'anarchie littéraire dont souffrait son époque
"préclassique". En dépit de ses reproches, Mouan reconnaît
en César un poète de valeur; la lecture de ses oeuvres,
"malgré leurs défauts, n'est pas sans utilité et sans
quelque charme (p. 410)". En plus d'une approche critique
plus posée, Mouan dresse une liste des oeuvres de dévotion
de César et en fait des commentaires. C'est la première
fois que son oeuvre capitale fait l'objet de l'attention de
la critique.

En tout, les poésies dévotes de César se réduisent à
quatre titres:

*Dymas, ou le Bon Larron, dédié à Son Altesse de
Lorraine,* Toulouse, 1606.

*Les Perles, ou les Larmes de la Saincte Magdeleine,
avec quelques Rymes sainctes dediées à Madame la
Comtesse de Carces,* Toulouse, 1606.

La Marie dolente. Au Sieur Delsherms advocat tolosain,
s.l.n.d. (1608?).

Rimes spirituelles, dans *Pièces heroiques et diverses
poesies dediees a Messeigneurs les Archevesques et
Princes d'Arles et d'Ambrun,* Toulouse, 1608.

Exception faite des *Rimes spirituelles*(7), les poèmes pieux
de César ont pour objet la passion du Christ vue par l'un
des témoins oculaires. Dans le cas de Dymas, le bon larron,
et de Marie-Madeleine, il s'agit de la pénitence et du salut
de pécheurs qui se trouvent purifiés par le sacrifice du
Sauveur. Effectivement, ces trois poèmes narratifs (*Dymas,
La Marie dolente, Les Perles*), forment un cycle qui commence
par le Christ mourant sur la croix, objet des huées de la
foule, et le drame psychologique du premier être humain à
bénéficier de la Rédemption (*Dymas*). A la fin du poème le
Christ est mort, cadavre pitoyable qui ne garde aucune trace
de la beauté du Christ vivant. *La Marie dolente* fait suite

---

(7) Voir l'analyse par Terence Cave d'un groupe de poèmes appartenant
aux *Rimes*, les huit *Cantiques a la sacree Nativité du Sauveur du
monde,* dans *Devotional Poetry in France,* pp. 266-269 et 321-324.

à *Dymas* dans la mesure où le corps divin sert d'objet central à la méditation dans la première partie du poème. L'ouvrage se termine sur la mise au tombeau:

> On ouvre les onguents d'odeurs aromatiques
> Qu'on a pris à grand prix au [sic] plus riches boutiques
> Pour oindre ce sainct corps, qui dessoubs maint flambeau
> Apres estre embausmé fut mis dans ce Tumbeau (p. 35).

Les Perles reprend l'histoire de la passion là où la laisse *La Marie dolente*, qui se termine avec Marie-Madeleine pleurant au bord de ce même tombeau.

Dans tous ces poèmes, César fait étalage de ses connaissances en peinture, car chaque oeuvre contient des "poses", scènes descriptives "figées" où le poète se concentre sur l'attitude expressive des figures représentées. Cette technique picturale dans la poésie fait appel évidemment au sens visuel du lecteur pour qu'il accomplisse "l'application des sens" si importante dans la littérature de la méditation. César vise à créer chez le lecteur un effet émotif en recourant à une image visuelle des plus frappantes. *La Marie dolente* offre un bon exemple de la méthode. Une description longue et détaillée du Christ crucifié sert de composition(8), suivie de l'apparition de la Vierge et de sa méditation sur l'apparent écart entre la mort misérable du Christ et sa vie glorieuse, ce qui tient lieu d'analyse. Les pensées de la Vierge font place à un grandiose "tableau" qui campe les attitudes et les mouvements de chaque personnage dans la scène où Nicodème et Joseph descendent de la croix le corps du Christ(9). Bien que *La Marie dolente* contienne une section analytique relativement nette, César tend à élaborer la composition - précisément là où il peut exploiter l'expression visuelle - au dépens des deux autres parties constitutives de la contemplation.

Dans *Les Perles, ou les Larmes de la Saincte Magdeleine*, César met pleinement à profit la notion de *ut pictura poesis* sans négliger les autres ressources poétiques courantes à l'époque. Profitant de l'appareil culturel de

---

(8) Les trois phases psychologiques de la méditation dévote sont: (i) composition, ou application des sens: l'attention du pénitent est tendue vers la concrétisation de l'objet, (mémoire et imagination); (ii) analyse du contenu spirituel de l'objet (entendement); (iii) prière: "déclenchement" des affections divines, (volonté). Voir l'Introduction du livre de Terence Cave et Michel Jeanneret, *Métamorphoses spirituelles*, Paris, Corti, 1972.

(9) Cave, *Devotional Poetry*, pp. 271-273.

ses lecteurs, César, pour composer son poème, se sert d'oeuvres littéraires populaires, de légendes provençales bien connues sur la vie de Marie-Madeleine, de la Bible, et de la tradition patristique.

* * *

A en juger par les nombreux ouvrages consacrés à la vie de Marie-Madeleine, elle était, du moins en Provence, un personnage saint des plus populaires et des plus vénérés. Pour ce qui est des sources bibliques de la sainte, il paraît que trois femmes, dont les traits de caractère se trouvent épars dans les Evangiles, se fondent en une seule au Moyen-Age. En premier lieu, c'est la "pécheresse" qui oint les pieds du Christ et les essuie de ses cheveux, en échange de quoi Jésus lui remet ses péchés (Luc VII, 36-50), et plus tard la délivre de sept démons (Luc VIII, 2); en deuxième lieu, c'est la soeur de Marthe et de Lazare qui choisit la "meilleure part" en écoutant les paroles de Jésus pendant que sa soeur s'occupe de tâches domestiques et donc triviales (Luc X, 38-42), et qui verse du parfum précieux sur la tête de Jésus lors d'une fête à Béthanie (Jean XII, 1-8); en troisième lieu, c'est Marie-Madeleine, la femme qui, s'étant mise au service du Christ, assiste à son supplice et qui, après avoir trouvé son tombeau vide le matin de Pâques, est la première personne à voir le fils de Dieu ressuscité et à faire part de la nouvelle aux disciples(10). La sainte du Moyen-Age est donc un personnage composite dont les trois identités apparentes dans les Evangiles correspondent aux différentes images de Marie-Madeleine dans la liturgie, l'art, les sermons, etc.:

   (i)   L'image la plus répandue de Marie-Madeleine est celle de la "pécheresse" (prostituée) convertie et pénitente. Elle devient un modèle par excellence pour ceux qui désirent s'attacher à Dieu et s'arracher au péché. A cause de sa propre vie, sainte Marie sera émue par les larmes sincères des vrais pénitents. Sa beauté physique constitue une preuve visible du pardon transformateur de Jésus et du rachat opéré par l'amour.

---

(10) Matthieu XXVII, 55-56; XXVIII, 1-10; Marc XV, 40-41; XVI, 1-8; Luc XXIII, 49; XXIV, 1-10; Jean XIX, 25; XX, 1-10.

(ii) L'image de l'âme contemplative, assise dévotement aux pieds du fils de Dieu, occupe aussi une place importante dans l'évocation traditionnelle. Menant à une connaissance plus approfondie de Dieu, la contemplation va de pair avec la vie d'ermite de la sainte en Provence, partie intégrale de sa légende. Dans cette vie éloignée du monde elle pratique les plus dures pénitences et, comme récompense, jouit de la grâce divine.

(iii) Le rôle pascal de la sainte s'intègre profondément à son culte. On lui accorde le titre "d'apôtre des apôtres" dans l'histoire patristique. En tant qu'annonciatrice aux hommes de la bonne nouvelle de la vie éternelle, elle rachète en quelque sorte le statut de la femme considérée jusque là comme l'instigatrice de la chute originelle de l'homme (Eve).

Le P. Benoît Valuy résume ces trois aspects du portrait magdalénien officiel et fait voir en même temps l'estime que l'Eglise porte à la sainte:

> Nommer Marie-Madeleine, c'est nommer le parfait modèle des âmes pénitentes et des âmes contemplatives, le chef d'oeuvre des miséricordes divines, le coeur le plus aimant et le plus dévoué qui fut jamais, la femme forte et admirable entre toutes les femmes(11).

C'est sans doute le caractère tout humain de Marie-Madeleine, sa transformation de belle prostituée en sainte "amante" du Christ, sa douleur et son extase, qui font d'elle un personnage cher au public. Dans l'hagiographie son histoire se réduit à une histoire d'amour: l'amour impur et lascif se substitue à l'amour chaste et tout spirituel, un amour qui brûle de la "passion" du verbe. La figure de la sainte fournit à l'Eglise et à la littérature pieuse une fertile source de développements éventuels pour mettre en valeur la tendresse humaine, ce qui permet de rendre plus humains les personnages bibliques. La littérature de la méditation, en s'orientant vers une analyse psychologique très fouillée de la femme, permet au lecteur de donner une forme concrète aux idées bibliques et de se figurer les émotions de Marie-Madeleine quand elle

---

(11) Le P. Benoît Valuy, *Saint Marie-Madeleine et les autres amis du Sauveur*, Lyon, Paris, Pélaguad, 1867, p. 1.

XII

recherchait le Christ "perdu" et quand lui, ressuscité, apparut devant elle. L'effort pour humaniser les Evangiles s'étend aussi au Christ lui-même: on s'évertue à méditer sur l'humanité du fils de Dieu afin de mieux s'associer par la pensée et surtout par le sentiment à ses souffrances et à son triomphe. Dans une certaine mesure Marie-Madeleine incarne l'essentiel de la doctrine chrétienne basée sur le cycle fondamental du péché-pénitence-pardon-rachat, accompli par l'amour.

Dans l'iconographie de la sainte le motif le plus constant est son vase à parfums, qui renvoie à sa vie lascive de pécheresse, compagne des hommes, aussi bien qu'à sa vie pure de repentie, compagne du Christ. Il en est de même du motif de ses cheveux coiffés en courtisane coquette avant sa conversion, qui deviennent une très longue chevelure dénouée qui lui sert de vêtement lors de sa vie d'ermite dans la caverne de la Sainte-Baume en Provence. Dans son poème César exploite le motif de la chevelure dénouée pour insister surtout sur la beauté physique de Marie. Il laisse de côté, pourtant, le vase à parfums, qui ne fait l'objet que d'une allusion métaphorique aux vv. 570-574. Tout comme César écarte de l'oeuvre un élément bien connu de l'iconographie de la sainte, il laisse de côté le portrait le plus courant, celui de la prostituée convertie devenue la patronne des repentis. De cette façon il met en relief son rôle pascal, celui de la femme éperdue et affolée qui recherche son amant disparu et qui est chargée par celui-ci de porter aux hommes la nouvelle de sa résurrection.

Après l'apothéose du Christ, la légende de Marie-Madeleine, forgée dans le Midi, raconte que Marie-Madeleine, sa soeur Marthe, son frère Lazare et Maximin, un des apôtres, celui qu'elle avait pris pour tuteur, sont forcés par les Juifs de s'embarquer dans un bateau sans rames ni voile. Guidé par l'esprit divin, le navire s'approche des côtes de Provence et aborde à Marseille. Devenue missionnaire d'une éloquence extra-ordinaire, Marie-Madeleine convertit à la foi chrétienne les idolâtres de Marseille et, après d'autres aventures omises par César dans son poème, elle se retire pour faire pénitence dans la solitude d'une grotte, où elle passe trente ans. Sept fois par jour des anges l'élèvent au ciel où ils lui font entendre un concert céleste. Juste avant sa mort Maximin la transporte à Aix, où elle finit sa vie(12).

---

(12) La version définitive de la vie légendaire de Marie-Madeleine se trouve dans la *Légende dorée*, de Jacques de Voragine (1230-1293).

XIII

Avant le milieu du onzième siècle, il n'existe pas la moindre trace de la légende selon laquelle la Madeleine serait venue en Provence. Au commencement du douzième siècle, pourtant, un centre de pèlerinage s'établit à l'abbaye de Vézelay, en Bourgogne, qui était censée contenir le corps du saint personnage. Les moines de Vézelay soutenaient que les restes de la sainte avaient été transportés d'Aix-en-Provence en Bourgogne en 880. Dans la seconde moitié du treizième siècle les religieux de Saint-Maximin, là où le corps de Marie aurait été enterré après sa mort, contestaient le transfert du corps et prétendaient qu'il était toujours chez eux. Ils réussirent, grâce à cette controverse, à imposer leur publicité, qui entraîna l'abandon de Vézelay comme centre de pèlerinage. En ce qui concerne l'ermitage de la sainte dans la grotte de la Sainte-Baume, cette légende très localisée fit de cette caverne à l'est de Marseille un lieu de pèlerinage dès la première moitié du treizième siècle. En fin de compte, il est bien évident que les religieux à Vézelay et à Saint-Maximin, pour s'attirer des foules de pèlerins, inventèrent le voyage de Marie et de ses compagnons de Palestine en Provence pour authentiquer les reliques qu'ils possédaient. Quoi qu'il en soit, le culte de la sainte devint fort populaire, surtout dans le Midi(13).

Pour son poème César choisit un personnage bien attrayant. En tant que la "parfaite amante" de Jésus, Marie-Madeleine était l'intermédiaire idéal entre l'humanité déchue et la perfection divine. Les livres contemporains offrent d'amples témoignages de cette révérence pour la Madeleine:

> Or entre les ames dans lesquelles le Saint Esprit a faict brusler le feu sacré de ce divin amour de Jesus, Il n'y en a aucune, si nous exceptons la bienheureuse Vierge sa mere, à qui tout le reste du genre humain accorde sans difficulté la palme de toutes sortes de vertus, qui en ait esté favorisée en un plus haut degré que la Magdeleine, dans le coeur de laquelle il en a fait reluire les flames avec tant de splendeur et d'éclat ... (14).

Tout au long du dix-septième siècle les écrivains l'offrent en exemple à ceux, surtout libertins, qui doivent reconnaître la valeur de la pénitence. L'image du personnage se prête à ce qu'on peut appeler la "galanterie

---

(13) Victor Saxer, *Le Culte de Marie Madeleine en occident*, Paris, Clavreuil, 1959, pp. 46-56.

(14) Charles de Saint-Paul, *Tableau de la Magdeleine en l'estat de parfaite amante de Jesus*, Paris, Heuqueville, 1628, p. 28.

spirituelle". Dans une épopée religieuse publiée en 1668 Pierre de Saint-Louis invite ses lecteurs à ne plus perdre leur temps à lire les romans sentimentaux alors si populaires, car la sainte est une héroïne plus belle et plus susceptible de les divertir tout en les édifiant(15). Un an plus tard Desmarets de Saint-Sorlin dans la Préface de son épopée sur la Madeleine énonce les mêmes idées. Il parle longuement du sens profond de sa vie, et la compare à Cléopâtre, car Marie la dépassa "en somtuositez et en delices" pendant la première partie de sa vie. Saint-Sorlin va jusqu'à estimer que l'amante du Christ surpasse "en magnificence, en amour, et en actions hardies, les plus splendides, les plus passionnées, et les plus courageuses Amantes de l'Antiquité"(16). Selon l'auteur, la leçon morale qu'elle donne s'adresse avant tout aux coquettes et à tous les péchés dont elles sont atteintes, orgueil, fausseté, ambition et vanité; au fond, il veut leur faire ressentir l'écart entre ce qu'elles sont et ce qu'elles devraient être(17). César entre évidemment dans la lignée d'auteurs comme Saint-Louis et Saint-Paul, qui voient en la Madeleine un personnage riche en développements éventuels et chez qui se rencontrent deux sortes d'amours – le sacré et le profane. Comme Terence Cave l'affirme avec insistance, César rejoint le mode artistique de Luis de Grenada et de François Coster, où la dévotion se mêle au goût du romanesque(18).

Les Perles, ou les Larmes de la Saincte Magdeleine appartient à un genre de poésie dévote – la poésie des larmes – qui donne libre cours à la fantaisie, aux émotions, à la richesse verbale au dépens de la méditation sérieuse qui se base surtout sur un message moral ou théologique. En suivant le goût d'un public largement féminin – selon Cave – qui désire avant tout une dévotion plus aisée, moins austère, César s'oriente vers la représentation très

---

(15) Pierre de Saint-Louis, *La Magdeleine au desert de la Sainte Baume*, Lyon, Grégoire, 1668.

(16) Desmarets de Saint-Sorlin, *Marie Madeleine ou le triomphe de la grace*, Paris, Thierry, 1669, Préface non paginée.

(17) Il est à remarquer que l'histoire que raconte Saint-Sorlin porte longuement sur la vie "scandaleuse" de Marie. Omet-il la partie ascétique de sa vie pour mieux retenir l'attention de son public de libertines?

(18) Cave, *Devotional Poetry*, pp. 243-253.

sentimentale du drame biblique de la Passion et de la
Résurrection. Il s'agit d'un style littéraire à deux
facettes qui se montre élégant et même mondain d'un côté,
mais qui de l'autre, conserve une piété sincère. Accessible
à un public très large, ce genre tire profit de la
popularité d'auteurs tels que Ronsard, l'Arioste et Le Tasse
dans des ouvrages de contexte religieux. L'exploitation de
cette veine littéraire relève surtout du sentiment de
l'amour. Il s'ensuit de là que l'allégorie traditionnelle
du Christ considéré comme le saint "amant" se présente d'une
façon de plus en plus littérale, d'où l'ambiguïté des
émotions suscitées chez le lecteur et "l'indulgence de soi"
dont parle Cave.

En plus, le genre de la poésie des larmes exploite le
plaisir de l'intensité émotionnelle, et vise à provoquer les
larmes chez le lecteur. Les pleurs sincères du pénitent
furent considérés comme un don de Dieu, une manifestation de
la grâce divine. Le pénitent qui pleure sincèrement fait
voir la profondeur de son repentir. En effet, la popularité
de la poésie des larmes au début du dix-septième siècle
confirme la force salvatrice qu'on prêtait à l'acte de
pleurer(19). Le mélange du domaine sacré et du domaine
profane si caractéristique du poème de César constitue un
élément de base dans ce genre. Bien que l'intention
première se centre sur le salut du lecteur dévot, le plaisir
qui provient de l'effusion des larmes chez le pénitent
l'emporte de temps en temps sur l'intention plus sérieuse du
genre. Chez César, les larmes de Marie-Madeleine sont un
signe de son repentir ainsi qu'une source importante de ses
charmes féminins.

Il est significatif que le poème soit dédié à une
femme, Ellénor de Montpezat, Comtesse de Carcès, ce qui va
de pair avec le succès de ce genre hybride auprès d'un
public féminin. Dans la Dédicace César établit l'analogie
flatteuse entre l'héroïne de son poème et la comtesse:
toutes les deux ont éprouvé une "perte" mais, grâce à la
vertu divine des larmes, toutes les deux retrouvent le
réconfort après leurs tribulations. Si ténue que soit cette
comparaison, César poursuit ses éloges, et conclut sur le

---

(19) Il est inutile de dresser une liste de tous les ouvrages
appartenant au genre des larmes. Imité de l'Italien Tansillo,
l'exemple le plus connu est bien sûr *Les Larmes de Saint Pierre*,
1587, de l'ami de César à Aix-en-Provence, François de Malherbe.
Pour un survol du sujet, voir Cave, *Devotional Poetry*, pp. 253-266;
Sheila Bayne, *Tears and Weeping*, Tübingen, Narr; Paris, Place,
1981, pp. 34-43, Mario Praz, *The Flaming Heart*, New York,
Doubleday, 1958, pp. 226-231.

XVI

souhait que les larmes de la comtesse (tout comme celles de la sainte) soient toujours transformées en perles. Le rapprochement figuré des larmes et des perles s'appuie sur un échange fondamental entre le ciel et la terre. L'origine légendaire des perles s'explique par la chute de gouttes de pluie qui se transforment en perles dans la coquille de l'huître montée à la surface pour les recueillir. De la même façon, les larmes du pénitent montent au ciel et se métamorphosent en perles. L'association des perles (objets précieux et beaux, symboles de la perfection, de l'éternité et de la spiritualité) et des larmes (pureté, humilité, pénitence) devient un moyen de relier les domaines terrestre et céleste et renforce l'unité du corporel et du spirituel. C'est une espèce d'alchimie religieuse qui donne au poème une unité foncière basée sur les thèmes de la transformation et du transfert.

La structure de l'oeuvre s'agence par un mouvement narratif. Après un bref préambule, la scène s'ouvre sur l'héroïne, versant de copieuses larmes sur le tombeau vide de son amant disparu. Après un long monologue où elle prie le sépulcre de lui dire ce que le Christ est devenu, Marie-Madeleine se met à la recherche de celui-ci. Après des course désespérées au sein d'une nature charmante mais muette, elle revient au tombeau et, à bout de forces, tombe évanouie. A son réveil, deux anges à l'allure éblouissante sont là, signes avant-coureurs de l'apparition de Jésus. Après une réunion extatique et tendre, Jésus apparaît devant les disciples, les charge de propager la doctrine chrétienne, et monte au ciel. Ceux-ci se dispersent, et la Madeleine s'embarque pour la Provence, où elle convertit les païens et passe la dernière partie de sa vie en ermitage. Sauf dans l'histoire de l'héroïne après la Résurrection, César suit assez fidèlement l'Evangile de saint Jean (XX-XXI). Cette charpente, pourtant, se trouve élaborée par une mise au point du potentiel sentimental de l'égarement de Marie et de ses efforts éperdus pour redécouvrir son amant. Bien que César fasse appel avant tout à la pitié du lecteur, il est évident que le sens littéral de cette narration se double d'un sens figuré, caractéristique de toute méditation dévote. L'anecdote se prête tout naturellement à l'allégorie, et ne s'écarte pas très loin du sens allégorique de l'épisode biblique. En gros, il s'agit de la quête constante et difficile du Sauveur menée par le croyant pénitent et "amoureux", recherche qui aboutit à la bénédiction de la grâce divine et couronnée par la vie éternelle au paradis. Le drame psychologique de Marie-Madeleine, centré sur une oscillation entre les profondeurs du désespoir et les sommets du transport amoureux, est enrichi et mis en valeur par un réseau de thèmes et d'images contradictoires: vide-comble, silence-parole, mythe-vérité, aveuglement-vision, corporel-spirituel, etc. Il va sans dire que César puise dans la richesse du symbolisme chrétien préexistant pour éclaircir le sens du mystère de la

XVII

Rédemption. Par contre, le poète recourt surtout au côté tout humain de Marie-Madeleine pour la rendre vivante.

LA DUALITE DE LA SAINTE AMANTE

L'effort pour rendre plus humain le personnage central est amorcé tout au début du poème. Ce qui frappe à première vue, c'est que mention est faite du couple Médor-Angélique, ce qui est plus qu'une simple exploitation de l'oeuvre très connue de l'Arioste, le *Roland furieux*. L'analogie entre couples, l'un profane et l'autre sacré, provient de certains épisodes semblables tirés des deux histoires. Deux fois dans l'épopée de l'Arioste, Angélique se met en quête de son mari adoré Médor, ce qui rappelle inévitablement la recherche semblable de Marie-Madeleine dans le poème. La grande beauté d'Angélique ne fait qu'embellir l'image que César veut donner au lecteur, ainsi que l'image du Christ comme guerrier vaillant et victorieux des forces du mal est renforcée par la comparaison avec le preux Médor. César, néanmoins, est très soucieux de constater la supériorité incontestée (vv. 6 et 8) du couple sacré, pour éviter, peut-être, l'accusation de maladresse poétique ou même d'impiété. C'est une espèce de transfert du domaine profane au domaine sacré de traits qui appartiennent - superficiellement - aux deux histoires. Cette allusion donne le ton à une oeuvre où le mélange de l'humain et du spirituel constitue un procédé de base.

L'allusion au *Roland furieux* contribue à l'exploitation du fonds érotique de l'histoire magdalénienne. Sans se rapporter explicitement à la double vie qu'avait menée Marie, le narrateur y touche par le premier trait physique qu'il évoque, sa chevelure (v. 29), qui ondoie sensuellement dans le vent. Ses beaux cheveux renvoient à sa beauté physique (vie de pécheresse) aussi bien qu'à sa pureté spirituelle (scène biblique où elle essuie de ses cheveux les pieds de Jésus, vie d'ermite). Pendant la course de Marie à travers champs, César ne néglige pas de signaler les attraits physiques de cette jeune femme (vv. 269-273), image qui fait un contraste évident avec le sujet pieux de l'ouvrage. En termes religieux, c'est une âme errante et anéantie qui s'offre, une âme à la recherche d'un Dieu qui se cache à l'homme. La "sécularisation" du sacré se manifeste aussi après l'évanouissement de l'héroïne au bord du tombeau désert, là où elle aperçoit les deux anges, décrits aux vv. 358-384 comme deux Amours. L'héritage poétique de César se fait voir de façon remarquable aux vv. 373-374, où l'emploi des diminutifs et des rimes en écho rappellent la Pléiade aussi bien que l'école des Rhétoriqueurs.

XVIII

Le mélange du domaine sacré et du domaine profane se dégage le plus nettement lors de la scène capitale de rencontre entre Marie-Madeleine et le Christ. Marie aperçoit son amant au v. 444. Comme dans la Bible, il est déguisé en jardinier. César exploite ce détail biblique pour élargir cette image très répandue dans la tradition chrétienne. Il joue à la fois sur deux registres: (i) Jésus en tant que jardinier qui récolte les âmes pénitentes des pécheurs (voir vv. 173-176); (ii) Jésus en tant qu'amant badin qui s'amuse de voir la confusion de Marie (vv. 445-452 et vv. 473-476). C'est un portrait à deux faces qui en ressort: le fils de Dieu, saint rédempteur du genre humain déchu, et un "Médor" galant, amoureux et héroïque. Le fait que Marie ne reconnaît pas ce "jardinier" s'explique non seulement par l'effet de ses émotions diverses mais aussi parce qu'elle n'est pas encore "touchée" de la grâce divine. Elle se méprend, croyant que l'homme devant elle est l'un des "voleurs" qui avaient enlevé le corps du Christ (vv. 497-504). Au v. 518 un seul mot prononcé par Jésus, "Marie", lui fait savoir qu'elle parle à celui qu'elle avait recherché avec tant d'ardeur. De prime abord les réactions de Marie sont d'ordre physiologiques: elle rougit, elle brûle d'une "flamme d'amour" (v. 527) qui provoque un nouveau torrent de larmes. Cette fois, bien entendu, elle pleure de joie et de soulagement. Dans cette scène de reconnaissance, point culminant du drame sentimental, Marie se transforme en amante tendre, timide et coquette qui ne peut s'empêcher d'admirer la beauté masculine de Jésus. "Elle l'oeillade et l'admire et l'adore,/Le voit des yeux et des yeux le devore:" (vv. 537-538). Accablée d'émotion, Marie-Madeleine tend le bras pour toucher physiquement cet homme adoré, aimé et désiré.

Les vv. 541-548 dépeignent la scène célèbre dans l'iconographie(20), le *Noli me tangere* où le Christ, ressuscité et tout spirituel, recule brusquement pour éviter tout contact avec le monde matériel et corrompu d'ici-bas. Ici César suit l'hagiographie provençale dans la mesure où Jésus met le doigt sur le front de Marie-Madeleine. C'est en effet le point le plus dramatique du poème, le contact physique entre les deux amants qui consomment leur union spirituelle et qui marque la bénédiction divine octroyée à Marie. Cette scène posée sert de composition à l'analyse du rapport nouveau ainsi établi entre le Christ et Marie-Madeleine. Le toucher de Jésus effectue un changement des plus profonds, et c'est l'image dominante des perles (vv. 549-553) qui dénote l'amour qui se "distille" dans le coeur

---

(20) Giotto, Titien, l'Orcagna et Le Sueur, par exemple, figurent parmi les nombreux artistes qui représentent la scène.

XIX

de Marie. Bien qu'il s'agisse du phénomène religieux le plus saint et le plus intense, César fait appel au style amoureux pétrarquiste basé sur la rencontre d'éléments contraires, l'eau et le feu, pour évoquer l'empreinte de la grâce rédemptrice du Christ.

Au v. 565 César s'efforce d'engager le lecteur à se figurer les émotions de Marie à ce moment d'apothéose suprême. Le monde naturel, qui n'était que trop présent avant l'apparition du Christ (voir vv. 265-320), s'écarte et s'efface devant sa présence lumineuse. Le lecteur pénitent se concentre ainsi sur le drame tout spirituel qui se déroule ici: le mariage du ciel et de la terre, un point fixe dans le temps qui, néanmoins, sort des contingences temporelle et matérielle. Le vide qu'avait ressenti Marie-Madeleine est maintenant comblé par la plénitude de la grâce. Son coeur est décrit en termes d'un récipient rempli d'une "saincte et suave liqueur" (v. 572) versée par l'amour de Jésus, image qui répète le motif iconographique le plus répandu de Marie, le vase à parfums dont elle s'était servie pour oindre les cheveux et le corps de Jésus. Elle avait vidé le contenu du vase pour soulager le Christ; maintenant elle jouit d'une récompense qui est à l'image de ses actes charitables d'autrefois.

Après ce moment d'extase amoureuse, tout change de face. Le monde extérieur réapparaît: "Marie s'envole/Battant des mains ... " (vv. 613-614) vers la "Cité" où se trouvent les disciples. La course folle et pleine d'obstacles qu'elle avait faite avant l'arrivée du Christ ("Battant du pied, et sa course irritant/Contre les troncs qui le vont arrestant." vv.319-320) fait place à une course sans entraves. Toute libre de porter la bonne nouvelle aux disciples, Marie-Madeleine semble s'être dépouillée de la matière terrestre qui l'avait appesantie et gênée auparavant. Elle s'en va voir ses "Amis": elle n'est plus seule, maintenant qu'elle brûle de la flamme céleste.

Afin de continuer l'histoire de Marie après l'apothéose du Christ, César est obligé de se reporter à la légende de l'apostolat de Marie en Provence. Persécutée par les Juifs, Marie s'embarque avec son frère et sa soeur dans un bateau sans rames ni voile mais piloté par l'esprit de Jésus. Le bateau aborde aux côtes de la Provence, et c'est à Marseille que débarque ce petit groupe évangélique. Le jeu de l'anachronisme auquel César se livre aux vv. 671-672 et 677-680 atténue la distance chronologique entre Marie-Madeleine et les lecteurs contemporains. Suggéré par l'arrivée de Marie en France, le rapprochement dans l'espace se trouve renforcé par l'analogie entre le Marseille moderne, une forteresse contre "l'Espagnol orgueilleux" (v. 672) et le Marseille du temps de Marie, qui devint sous sa tutelle un rempart contre l'idolâtrie. Il en est de même pour l'allusion à Guillaume du Vair au v. 678, qui est, dans les termes de l'analogie sous-entendue, un descendant direct de la sainte en ce sens qu'il assure la permanence du règne de la justice et de la paix inauguré par Marie il y a à peu près 1.600 ans. Tout comme le poète, du Vair est une sorte d'apôtre contemporain qui se consacre à la tâche primordiale du chrétien, l'imitation de la vie du Christ.

Ainsi la sainte vénérée de la légende se trouve humanisée: c'est une femme dont la pensée et les émotions correspondent à celles des héroïnes de la littérature populaire profane. Sa présence légendaire en Provence ne fait que souligner cet effort pour rapprocher Marie du lecteur. Après avoir converti les idolâtres à Marseille, Marie-Madeleine se retire de la vie active pour s'adonner à la vie ascétique, étape essentielle dans l'itinéraire spirituel du pénitent. Autrefois l'amante ardente de Jésus, Marie incarne maintenant le pénitent idéal qui recherche la solitude en vue de reconnaître son néant. Il s'agit du dépouillement total de soi-même et du monde externe. César décrit la retraite de Marie en termes amoureux. C'est une femme délaissée qui ne peut plus supporter la douleur affective provoquée par l'absence de son amant (vv. 685-686). La reprise du motif fondamental de la chevelure souligne la dualité du personnage: autrefois un symbole de sa vie lascive, sa longue chevelure dénouée qui lui sert de vêtement dans l'iconographie est à la fin de sa vie le symbole de sa pénitence.

César exploite la proximité géographique de la Sainte-Baume pour effacer la distance temporelle entre le lecteur et Marie. En effet, il rappelle à ses lecteurs pénitents que la caverne où elle aurait passé ses derniers jours est un lieu de pèlerinage qui n'a pas changé depuis que Marie-Madeleine le bénit de sa présence (v. 748). Le beau corps de la sainte, qui fait l'objet d'une étude "picturale" plusieurs fois au cours du poème, fut déposé en Provence (v. 752), pays natal du poète et de ses lecteurs. Le pénitent n'est pas séparé de la Madeleine: elle est spirituellement et physiquement présente, toujours prête à aider le pénitent dans ses efforts vers le salut.

LA METAMORPHOSE DES LARMES EN PERLES

L'image des larmes changées en perles exprime le thème fondamental de la transformation, principe unificateur du poème entier. L'image des "perlettes" (v. 342, cf. v.40), permet d'intégrer le thème de la transformation à des moments de transition dans le texte. L'exemple le plus frappant se trouve dans la scène où Marie, après ses errances frénétiques dans la campagne, tombe évanouie sur le tombeau désert: scène qui précède l'apparition éclatante des deux "angelettes" aux vv. 358-384. Tout comme ses larmes et sa sueur se transforment métaphoriquement en petites perles, son désespoir va bientôt changer en extase amoureuse au moment où elle reverra Jésus. En touchant le bord du tombeau ("Au seul toucher seulement du tombeau", v. 408), les larmes qui coulent des yeux de Marie se métamorphosent en "perlettes". Ce phénomène symbolise le miracle du rachat: les larmes du pénitent deviennent des perles de sainteté au contact de la grâce rédemptrice du Christ. Il est à noter aussi que ce changement s'opère à peu près au milieu du poème, ce qui suggère une division structurale des plus simples: absence et désolation dans la première moitié, résurrection et apothéose dans la seconde. Cette symétrie est renforcée dans la dernière scène du poème. Dans sa pose finale (vv. 711-732) elle pleure, tout comme elle pleurait dans la première pose aux vv. 29-60. Cette fois, pourtant, les larmes qu'elle verse sont des larmes de joie, celles d'une femme qui goûte le paradis même avant sa mort (vv. 733-736).

UNE NOUVELLE MYTHOLOGIE

Aux vv. 413-436, César a soin de raconter la légende de l'origine des perles et de celle des marguerites. L'accent mis sur l'aspect légendaire de cette transformation révèle l'élaboration d'une mythologie chrétienne qui se substitue à la mythologie païenne. En effet, la création d'une nouvelle mythologie, supérieure à la précédente, est un thème capital du poème. Au cours du long monologue de Marie aux vv. 65-188, elle évoque les dieux antiques et leurs pouvoirs divinatoires, et suggère un contraste implicite entre leur prétendue efficacité et le silence qui règne autour d'elle. Le fait qu'elle doute de la supériorité chrétienne témoigne de sa faiblesse humaine et de son affolement. L'énumération des nombreux miracles de Jésus (vv. 157-176) ne fait que rehausser sa perplexité: pourquoi Jésus, le grand faiseur de miracles d'autrefois, reste-t-il silencieux maintenant qu'elle est près du désespoir? Ce sont là les paroles du croyant qui remet en question sa croyance, qui, comme les disciples, se met à douter du pouvoir du Christ quand il n'est plus présent. Sous cet angle, le silence et l'absence deviennent une manière d'épreuve que Marie doit subir avant de recevoir la révélation ultime.

La narrateur ne cesse d'insister sur l'infériorité des dieux anciens (vv. 557-564), et la façon dont l'éloquence miraculeuse du Christ battit en brèche la mythologie des idolâtres: "Il contoit bien de plus mystiques fables/Que ces vieux Grecs ..." (vv. 557-558). L'éloquence divine de Jésus l'emporte sur l'éloquence de deux philosophes païens, Platon et Pythagore, ainsi que sur celle de tous les dieux de la mythologie païenne (vv. 636-640). De cette façon César réaffirme l'efficacité de la parole divine, que Marie avait mise en doute aux vv. 117-152.

LE POUVOIR DE LA PAROLE

Le thème de l'éloquence, celle de Marie ainsi que celle du narrateur, parcourt le poème, et reflète la primauté de la parole dans la doctrine chrétienne. Le commentaire du narrateur aux vv. 189-209 souligne la dualité foncière de Marie: ce qu'elle est *et* ce que l'amour divin est capable de faire d'elle. Son éloquence et son savoir semblent être en contradiction avec la capacité normale d'une femme qui "a un si foible cerveau" (v. 196). Cette merveille s'explique par le pouvoir transformateur de l'amour. Son discours, dans lequel elle énumère les miracles du Christ, constitue en soi un miracle que lui, le narrateur, prend soin d'ajouter à ceux que Marie signale aux vv. 157-176.

En ce qui concerne l'éloquence divine, la scène la plus significative est celle qui décrit la visite de Jésus chez les disciples (vv. 625-652). La verve rhétorique du Christ n'est autre que la parole salvatrice de Dieu en sa plénitude. La transmission de ces pouvoirs d'éloquence aux apôtres - y compris Marie-Madeleine - est capitale, car les premiers disciples de Jésus deviennent à ce moment les messagers de la parole concrète du Dieu invisible. Enfin, la parole divine va se répandre et faire céder la fausse parole des "demons" (v. 145) du passé. Il faut noter aussi que César appartient à la famille des apôtres chrétiens; c'est un messager doué de l'éloquence céleste qui imite les apôtres, Marie et, en fin de compte, le Christ lui-même. Que César tienne directement de saint Jean, "l'Apostre aymé par excellence" (v. 633), est nettement suggéré aux vv. 645-648, où César avoue pour la deuxième fois la faiblesse de son art, incapable de témoigner fidèlement de toutes les merveilles de Jésus. De la même façon, saint Jean reconnaît l'impossibilité d'atteindre à l'essentiel de la signification de la vie du Christ: "Jésus a fait encore bien d'autres choses: si on les écrivait une à une, le monde entier, je pense, ne pouvait contenir les livres qu'on écrirait" (Jean XXI, 25). En tant qu'historien et artiste, César affronte les mêmes problèmes que saint Jean.

Le narrateur n'hésite pas à intervenir dans le texte. Au v. 385 il s'adresse directement pour la première fois à l'héroïne, lui disant de se consoler, car l'apparition de son amant longtemps cherché est sur le point de se réaliser. En s'insérant dans cette scène capitale, le narrateur devient une sorte de compagnon de la sainte, un témoin qui, en tant qu'intermédiaire entre le lecteur et le personnage, diminue la distance affective entre le pénitent et son

texte. Plus loin, aux vv. 505-510, le narrateur s'insère de
nouveau dans le récit pour commenter, un peu lourdement
peut-être, l'éloquence de Marie suppliant le Christ déguisé
en jardinier. Le narrateur jouit d'une grande liberté,
s'adressant tantôt au personnage central, tantôt au lecteur,
techniques qui font penser au style très libre du
prédicateur.

LA "PEINTURE PARLANTE"

Bien que le narrateur soit conscient de l'importance de
la parole et de ses propres efforts pour propager la foi en
imitant les talents rhétoriques du Christ, il y a un autre
aspect de son art qu'il commente lui-même dans son oeuvre:
c'est la technique picturale dont il semble être très fier.
Après l'introduction des vv. 1-20, le narrateur procède
directement à un passage descriptif qui sert de composition
à la méditation: il met en scène le beau corps de Marie-
Madeleine, pâmée contre le tombeau vide de sa dépouille
précieuse, le corps de Jésus. Le narrateur profite de
l'orientation visuelle de la scène aux vv. 29-60 pour étaler
un style "pictural" qui se concentre de façon presque
hallucinatoire sur la position exacte des membres de la
Madeleine et montre en gros plan les moindres détails de son
corps. Dans cette première "vision" elle est comme figée
dans une attitude qui rappelle l'une des poses
traditionnelles de la Madeleine dans la peinture. Cette
pose a une fonction narrative qui devient évidente surtout
au moment où Marie-Madeleine se lance dans son long
monologue adressé à la sépulture (v. 65). Sa défaillance
profonde s'explique par le fait qu'elle vient de découvrir
le tombeau vide et qu'elle se trouve en "c'est estant ainsi
triste et posée" (v. 61) comme suite immédiate de cette
découverte.

Après les errances frénétiques de Marie, le narrateur
"peint" une deuxième pose (vv. 333-344) qui, bien que plus
brève que la première pose aux vv. 29-60, remplit la même
fonction en ce sens qu'elle sert d'introduction à l'épisode
suivant, dans lequel apparaît le Christ. Enfin, le portrait
de Jésus commencé au v. 581 fournit à César l'occasion de
vanter ses talents de peintre et d'exploiter la technique de
la "peinture parlante" qui lui tenait tellement à coeur.
L'analogie établie entre lui et les peintres les plus
célèbres de l'antiquité est très flatteuse pour César (vv.
599-600), car Apelle et Timanthe étaient connus surtout pour
leurs portraits expressifs de figures mythologiques. Or, la
mythologie chrétienne étant *a priori* (selon César et ses
lecteurs) supérieure à la mythologie païenne, César
l'emporte sur les maîtres du passé non seulement dans le
domaine esthétique mais aussi du point de vue moral. Son

sujet n'est pas faux, comme celui des anciens. C'est une *Vénus* qu'il peint, mais une "déesse" repentie, chaste et adorée des hommes et de Dieu. En dépit de son talent, notre poète n'a pas celui d'exprimer de façon satisfaisante les mystères et les beautés de la foi. Le visage du Christ se pare d'une beauté indicible et, en fin de compte, impossible à rendre en termes compréhensibles. L'artiste ne peut que rendre approximativement et de façon médiocre la réalité de l'objet. Il est donc obligé de s'en remettre à l'imagination du pénitent.

Très conscient des difficultés inhérentes au genre poétique auquel il se consacre, le narrateur sait que la représentation du sacré se réduit à cette question: Comment exprimer l'inexprimable? Il recourt à l'exploitation du potentiel du langage figuré pour créer une image imparfaite du miracle de la résurrection et du rachat. L'image centrale des larmes transformées en perles, pierre de touche de la structure thématique du poème, s'accompagne d'une série d'images et de thèmes basés sur l'opposition: vide-comble, défaite-victoire, doute-certitude, silence-parole, mythe-vérité, aveuglement-vision, solitude-compagnie. La scène culminante de l'oeuvre, l'apparition du Christ devant Marie, constitue le point critique où le pôle négatif de la dualité se transforme en positif. Les différents éléments du poème sont reliés par le thème de l'amour, qui, par rapport à la vie de Marie-Madeleine, se divise en positif et en négatif: l'amour charnel opposé à l'amour tout spirituel centré sur Jésus. Les deux couples Jésus-Marie et Médor-Angélique conscrétisent cette opposition. En somme, César exploite la dualité foncière de la vie bien connue de Marie-Madeleine pour créer un poème méditatif dont la structure est basée sur cette antinomie. La notion d'antinomie se conforme à un trait fondamental de la poésie de dévotion du dix-septième siècle - le mélange du profane et du sacré. Malgré la mièvrerie et la "verve déréglée" (selon Mouan) de César, il puise dans les ressources de deux traditions littéraires pour écrire une oeuvre hybride, mais cohérente.

* * *

Je tiens à remercier l'*American Philosophical Society*, le *National Endowment for the Humanities* et Kansas State University, dont la généreuse assistance financière m'a permis de mener à bien cette étude.

NOTE SUR LE TEXTE

Nous avons reproduit le texte de l'édition originale (voir la Bibliographie). Cependant, selon l'usage, nous avons changé le sigle de la conjonction copulative & en *et*; nous avons distingué les *i* des *j*, les *u* des *v*, et avons résolu les abréviations. Nous avons respecté avec le plus de fidélité possible l'orthographe de l'édition originale, à cela près que nous avons corrigé les coquilles manifestes. Quand à la ponctuation, nous sommes parfois intervenus pour faciliter la compréhension du texte, tout en respectant autant que possible la ponctuation de 1606.

BIBLIOGRAPHIE

EDITION ORIGINALE

LES PERLES,/OU/LES LARMES/DE LA SAINCTE/MAGDELEINE./Avec quelques rymes sainctes dediées à/Madame la Contesse de Carces/Par Cesar de Nostradame Gentil-/homme Provençal./ A TOLOSE/De l'Imprimerie dés Colomiez/1606. In-12, 55 p. Bibliothèque Nationale: Rés. Ye. 2073.

PRINCIPAUX OUVRAGES CONSULTES:

CAVE, TERENCE C., *Devotional Poetry in France, c. 1570-1613*, Cambridge, 1969.

CAVE, TERENCE C. et MICHEL JEANNERET, *Métamorphoses spirituelles: Anthologie de la poésie religieuse française, 1570-1630*, Paris, 1972.

CORTEZ, CLAUDE, *Histoire de la vie et mort de la saincte Marie Magdaleine*, Aix-en-Provence, 1643.

DUCHESNE, LOUIS, "La Légende de Sainte Marie-Madeleine", *Annales du Midi*, 5 (1893), 1-33.

FAILLON, M., *Monuments inédits sur l'apostolat de Sainte Marie-Madeleine en Provence*, 2 vol., Paris, 1848.

GARTH, HELEN M., *Saint Mary Magdalene in Medieval Literature*, Baltimore, 1950.

GAVOTY, LE P., *Histoire de Sainte Marie Magdeleine*, Marseille, 1701.

GIRAUD, YVES, "'Admirable séjour d'horreur et de plaisir', Le paysage poétique de la Sainte-Baume au XVIIe siècle", in- *Mélanges offerts à Georges Couton*, Presses Universitaires de Lyon, 1981, 198-222.

LEINER, WOLFGANG, "Métamorphoses magdaléennes", dans *La Métamorphose dans la poésie baroque française et anglaise*, publié par Gisèle Mathieu-Castellani, Paris, Tübingen, 1980.

MALVERN, MARJORIE M., *Venus in Sackcloth: The Magdalen's Origins and Metamorphoses*, Carbondale, 1975.

MEYER, PAUL, "Légendes pieuses en provençal", *Histoire littéraire de la France*, 32 (1899), 78-108.

MOUAN, LOUIS, "Aperçus littéraires sur César Nostradamus et ses lettres inédites à Peiresc", *Mémoires de l'Académie d'Aix*, 10 (1873), 409-470.

NODIER, CHARLES, *Mélanges tirés d'une petite bibliothèque*, Paris, 1829.

REBOUL, VINCENT, *Histoire de la vie et de la mort de Ste. Marie Magdeleine*, Marseille, 1682.

SAINT-LOUIS, PIERRE DE, *La Magdeleine au desert de la Sainte Baume*, Lyon, 1668.

SAINT-PAUL, CHARLES, *Tableau de la Magdeleine en l'estat de parfaite amante de Jesus*, Paris, 1628.

SAINT-SORLIN, DESMARETS DE, *Marie Madeleine ou le triomphe de la grace*, Paris, 1669.

SAXER, VICTOR, *Le Culte de Marie Madeleine en occident des origines à la fin du moyen-âge*, Paris, 1959.

VALUY, BENOIT, *Sainte Marie-Madeleine et les autres amis du Sauveur*, Lyon, Paris, 1867.

VORREUX, DAMIEN, *Sainte Marie-Madeleine: Quelle est donc cette femme?*, Paris, 1963.

LES PERLES

OU

LES LARMES
DE LA SAINCTE MAGDELEINE.

Avec quelques Rymes sainctes dediées à
Madame la Contesse de Carces

*Par Cesar de Nostradame Gentil-
homme Provençal.*

A TOLOSE,
De l'Imprimerie dés Colomiez,
1606

A TRES-ILLUSTRE

HAUTE, PUISSANTE,

Et Tres-vertueuse Dame Ellinor de

Mont-Pezat, Contesse de Carces.

MADAME,

 Les Perles et les Larmes ont une tant estroite Sumpathie et ressemblance, qu'elles sont conçeues et sont escloses de seule rosée et de seules gouttes, les unes estans filles du Ciel et de l'Aurore et les autres du coeur et de l'oeil. Si
5 bien que ceux qui ont quelque galante praticque avec la divine et muette Poesie, communement appellée peinture (du don de laquelle je rends infinies graces à la nature) sçavent fort bien qu'un mesme pasle-bleu, mesme traict, mesme enfondrement, mesme faux-jour, et mesme esclat s'y
10 doit appliquer. Mais encore outre ceste plaisante et gracieuse conformité et parentage, le prix des unes est si excellent, et celuy des autres monte si haut, qu'il n'y a diament de si belle eau, si net, ny si riche de beseau, qui se trouve parangonnable à la merveille d'une belle, claire
15 et ronde Perle: ny chose tant ferme, solide, rare, ou precieuse que les douces et pures Larmes ne puissent amolir, ployer, conquerir et payer. Armes à la verité gracieusement bien convenables aux belles, grandes et chastes Dames, et familieres aux braves et genereux
20 courages. Puisque la chaste Venus se pare ordinairement des unes, et l'honneste Amour s'abreve des autres. Aussi ont-elles un rare pouvoir d'augmenter non seulement la beauté naturelle, et d'adoucir la fierté du courroux et des armes: mais encor de donner du plaisir au ciel, de
25 l'ornement en la terre, de la richesse en la mer, de la gloire à l'Orient, et du profit à l'Inde, et qui plus est, de porter des merveilles aux yeux, et faire des miracles aux coeurs. L'Egypte a singulierement recommandé les unes, et la Palestine les autres, ou la belle amoureuse Cleopatre
30 et la chaste amante Magdeleine ont en un mesme siecle emporté le prix et la victoire. Rome les prisa tant qu'elle estima les oreilles de la Venus de son admirable Pantheon digne de ces Perles, et honora les Larmes des amys et des personnages illustres de Lachrimaux ou fiollettes
35 d'un verre de couleur d'opale tant excellent, que l'art n'en a jamais esté trouvé despuis. Mais Dieu les a euës tant agreables et precieuses qu'il a bien fait plouvoir des campagnes du ciel la Perleuse Manne et des yeux des rochers les Larmoyantes fontaines, durant presque demysiecle aux

plus inhabitables deserts. C'est donc assez à propos,
laissant ce qui s'en peut dire, que je produy des Perles et
des Larmes en ce sainct temps d'amour et de reformation, ou
les blanches Perles de l'oraison et de la pureté, et les
douces Larmes du jeusne, et du repentir doivent [p. 6]
excellemment reluire. Mais c'est bien avec aussi bon
tiltre que je les dedie à vous, qui estes une Perle de
vertu, de graces et de courtoisie, et qui par vos sainctes
et devotes Larmes avez impetré des gouttes de vos yeux la
rosée du ciel et le doux recouvrement de vostre chere et
premiere perte. Non autrement que ceste chaste et
angelique Dame merita de retrouver par les siennes la
presence de son Amant, de son Seigneur et de son Dieu, et
de voir convertir ses coulantes Larmes en Perles et
Marguerites, ainsi que premierement elle avoit changé sur
ses pieds sacrés ses precieuses Perles en Larmes. Car
comme les Larmes qui pleuvent du ciel en la mer d'Inde se
changent en Perles qui enrichissent l'Orient du bas
Univers, tout de mesme les Larmes qui montent de ceste
basse terre en la haute mer de grace se changent en Perles
qui brodent le ciel et l'Orient de la divine Majesté. Or
d'un si grand amas j'ay faict et composé ce cordon de sept [p. 7]
ou huict cens toutes de nombre et d'eslite, que mes cheres
Graces vous ont voulu particulierement consacrer: tant pour
ce haut rang que vous tenés entre les Perles d'honneur et
de ceste Provence, que pour celuy que vostre tres illustre
et tres-heroique maison possede de toute antiquité en ce
Royaume. Vous y verrez, MADAME, tous les traits plus
delicats de peinture que la nature et l'art m'ont departy,
tous les mouvements et les sursauts que l'amour et la
passion m'ont fait mettre en oeuvre et tous les plus beaux
secrets que Phoebus et les Muses m'ont revelés. Aussi
est-ce un petit tableau tout d'or et d'azur d'outre mer,
avec son quadre de Perles que je vous presente de leur
part: non pour croire tant de donner en mon present, comme
de recevoir en vostre acceptation: d'autant que l'honneur
que vous me ferés de le prendre et de l'advoüer sera seul
capable de me surhausser de quelque solide et bonne opinion [p. 8]
de ma suffisance. Que là où il adviendroit autrement,
j'auray encor dequoy me glorifier en ceste gauche fortune,
et d'en tirer les preceptes et la science impreciable de me
cognoistre: Estimant que ce que vostre divin esprit loüe et
reçoit est tres-excellent et tres-loüable, et que ce qu'il
n'appreuve ou rejette est fade, deffectueux, et manque de
sujet de loüange. Mais pourtant qu'il semble que je passe
et me devoye par dessus les loix de la façon d'escrire des
ames delicates d'aujourd'huy qui n'ont qu'un goust et qu'un
palais; je prendray port et cloray ma lettre par ceste
humble et devote priere que je fay à Dieu, au ciel, et aux
Anges, et à ceste belle et saincte Dame de vouloir changer
et convertir toutes vos Larmes en Perles qui consolent
vostre coeur et resjouissent vos yeux jusques à la course

d'un siecle, durant lequel je me recognoistray
MADAME,

Vostre serviteur tres-humble et tres obligé

CESAR DE NOSTRADAME

A la mesme Dame.

Si ces Nymphes et ces Karites
Seurs d'un Apolon gracieux,
Ces Perles, ces fleurs Marguerites
Estoient dignes de voz merites,
Ou bien seulement de voz yeux,
Elles seroient dignes des cieux,
Ou bien dedans un temple escrites
D'azur, d'Acre, et d'or precieux.

ANAGRAMME

ELLIONOR DE MON-PESAT

PERLE D'ELITE A SON NOM

Pour voir à qui des Karites
Conviennent ces Marguerites:
Vous ne trouverez sinon
PERLE D'ELITE A SON NOM.

C L A R O S   C L A R A   D E C E N T.

A MONSIEUR DE NOSTRA-
DAME GENTILHOMME PROVENCAL

QUATRAIN

Ton ouvrage rempli de Perles et de Pleurs
Demonstre à nos esprits leur essence premiere:
Car la rosée accroit leur rond par ses liqueurs;
Et tu les fais grossir aux pleurs d'une priere.

AUTHORIS DISTICHON.

Nomine converso fas est si credere fatum
NOS SACRA MUSA ARDET flamma nec ista nocet.

C L A R O S   C L A R A   D E C E N T.

LES PERLES

OU

L E S   L A R M E S

DE LA SAINCTE

MAGDELEINE

Dediées à Madame la Contesse de Carces,
par Cesar de Nostradame
Gentilhomme Provençal

     Je vous consacre ô belle Ellinore,
Contesse Illustre et que Provence honore,
Dans ce tableau d'azur, de perles et d'or,
Non les amours d'Angelique et Medor:
5   Mais les regrets, les larmes et la plainte
D'une Amgelique et plus belle et plus saincte,
Qui de ses pleurs arrosa le tombeau
D'un sainct Medor plus celeste et plus beau.
     Vous y verrez que des gouttes qui cheurent
10 Sur le sainct bort les perles se conceurent,
Qu'on peche à l'Inde: et que les autres pleurs [p. 12]
A raix d'argent se blanchissent en fleurs.
     Puis y verrez comme les douces larmes
Qu'elle employa firent baisser les armes
15 A son amant: et comm'enfin ses yeux
Par un grand roc la monterent aux cieux.
     Pouvoy-je mieux consacrer cest'image
Qu'à vos autels? ou rendre cest hommage
A plus belle ame: emperlez donc mes vers
20 PERLE D'ELITE, et fleur de l'univers.
     Apres l'assaut, et les combats funebres
Ou le fier prince et l'Ange des tenebres
Par CHRIST armé de son vermeil escu
Fut en duel honteusement vaincu,
25 Au lict Royal, contre la sepulture,
Ou ce Medor, ce beau Dieu de nature
Pasle et sanglant, las et mort fut posé
Apres qu'il eust les armes deposé.
     Donnant aux vents sa tresse nonchalante,
30 Son Angelique esplorée et dolente
Panchoit son corps de tristesse ennuyé
A droit genouil le bras droict appuyé,

Dedans sa main que maint Opale arrose
Portoit couché son visage de rose,
35 Ou les desborts assemblez de ses yeux [p. 13]
Faisoient un lac de cristal precieux:
Qui, se fendant en cent petites sources,
Le long du bras tomboit à lentes courses,
Puis à boûillons argentins s'escoulant
40 Alloit sur l'herbe en perlettes roulant
Pour s'aller joindre et se mesler encore
D'un moite pas aux perles que l'Aurore,
Fondant en plainte et distillant en pleurs,
Avoit greslé sur la robe des fleurs.
45   La gauche main delicatement blanche
Joincte à son bras qui sort nud de la manche
Plus blanc que neige avec ses doits polis,
Qui font ternir l'excellence du lys,
Lasse et sans poulx s'alloit mollete et tendre
50 En s'allongeant sur l'autre cuisse estendre,
Qui descouvrant son pied blanc et charnu
Laissoit le dextre au genouil retenu:
Si que le ply delicat de sa robe,
A l'oeil subtil, un seul traict ne derobe,
55 Tant justement on discerne au travers
Du crespe d'or, tous les muscles divers,
Ou l'or du poil qui vivement blondoye
Sans bruit aucun comme flammes ondoye,
Non autrement qu'en bonasse on peut voir [p. 14]
60 L'eau de la mer sous Favon s'esmouvoir.
  En cest estat ainsi triste et posée
De tous costez de ses pleurs arrosée,
Aux drus souspirs ne donnant nul repos,
Contre la tumbe ell'a dict ses propos.
65 "Vague maison, sepulture deserte,
Veufve relique, image de ma perte,
Triste sejour, lict vuide et desolé
Dont les passans l'ornement ont vollé,
Throsne sans Roy, trophée sans despouille,
70 Coffre sans or, ou vainement je fouille,
Torche sans feu, mais phare sans flambeau,
Urne sans tiltre, et sans gloire tombeau,
Nef sans nocher aux rocs precipitée,
Mur sans portail: cité des-habitée,
75 Qui t'a pillé? las, dy moy par faveur
Qu'est devenu mon CHRIST et mon Sauveur.
  Emprunte une ame, ou bien forme de grace
Une voix d'air triste, plaintive et basse
Pour m'enseigner et me dire comment
80 Je trouveray mon plus fidelle amant.
  Est-il possible, ô sourde sepulture
Que ce JESUS, ce grand Dieu de nature,
Qui de sa voix infinie en pouvoir [p. 15]
Crea d'un clein tout ce que l'oeil peut voir:

```
 85     Qui fit des cieux l'excellence premiere,
        Et les esprits d'horreur et de lumiere
        En suspendant les fondements des eaux
        De peur christal, sur le ciel des oyseaux:
        Qui separa l'Element et le Pole,
 90     Et qui fonda d'une seule parole,
        De ce grand tout les gonds et le dessein
        Aye trois jours reposé dans ton sein?
        Que telle source en vertu ruisselante
        Ne t'ayt donné quelque grace excellente:
 95     Et que ce corps de tant de dons vestu
        Ne t'ayt laissé l'odeur de sa vertu?
        Puis que c'est chose ordinaire et possible
        Que le rocher et la pierre insensible
        Du mont Ida, que l'on appelle Aymant
100     Tire le fer et donne à son amant
        Ceste vertu qu'il tire et qu'il imite
        De fer en fer comme la Calamite:
        Si que le fer à l'autre fer uny
        Comme l'aymant le tire à l'infiny.
105     Respons moy donc, ô couche precieuse:
        Ne me tien plus, hé sois moy gracieuse,
        Respons moy tost, et me dis par faveur           [p. 16]
        Qu'est devenu mon unique Sauveur.
             Quand ce Seigneur pres de son point funebre
110     Fit ce banquet solemnel et celebre,
        Ce soupper triste, et ce dernier festin,
        Ou de son traistre il chanta le destin:
        Ne scais tu pas qu'en sa saincte poitrine
        L'apostre aymé puisa ceste doctrine
115     Qu'esprit humain n'auroit oncq entendu
        S'il eut plus haut la volée estendu.
             Si qu'on lit bien dans les antiques tables
        De ces vieux Grecs et leurs mystiques fables
        Que de lauriers les Dieux ont appellé,
120     Et qu'autres fois les fleuves ont parlé,
        Et qu'en Dodone antique mur d'Epire
        Qui jadis fut des Molesses Empire,
        Un chaisne vieux en un temple adoré
        Rendoit responce à genoux imploré:
125     Et plus encore par estrange miracle,
        Que les valets qui servoient à l'oracle
        Pour s'approcher seulement de l'autel
        Avoyent le don de presage immortel.
        En la contree ou le Nil se desbonde,
130     Ou fut sa mere errante et vagabonde
        Durant sept ans, ce boeuf noir, cest Apis        [p. 17]
        Qu'on surnommoit autrement Serapis,
        Monstroit-il pas mainte chose future,
        Luy presentant le foin et la pasture
135     Qu'il refusoit, ou qu'il prenoit aussi
        Parlant par signe, et respondant ainsi:
```

Bref l'Apollon le grand idole antique
Qui fut en Delphe, et le dragon Pytique
Le Vieil serpent: l'Antre boeotien,
140 Tout a parlé, jusqu'au loup Lycien.
Respond moy donc, ô tumbe inexorable,
Ne sois plus sourde, hé soy moy favorable.
Parle de grace, et dy tant seulement
Qui t'a ravy mon plus fidelle amant.
145 Quoy, les demons auront à leurs escoles
Si bien appris de parler aux idoles:
Bien que leur forme et dedans et dehors
Ne fut que pierre et qu'insensible corps?
Quoy, les metaux, les rochers et les marbres,
150 Les loups, les boeufs, les dragons et les arbres
Auront la voix et la parole pris
Par la vertu des rebelles espris?
Et mon Seigneur qui de sa voix feconde
Fit en un clein les espris et le monde,
155 Et qui d'un clein s'il vouloit pourroit bien   [p. 18]
Les rendre encor à son antique rien.
Qui du seul ton de sa voix eslancée,
Mais du seul air de sa seule pensée
A secouru le malade opressé:
160 Et le boiteux prompteument redressé:
Au sourd muet defermé les oreilles,
Rendu sa langue: et fait voir ses merveilles
A l'homme aveugle: en eau changé le vin:
Et par un art excellent et divin,
165 Contre tout ordre et tout cours de nature
Tiré le mort vif d'une sepulture:
De sept esprits ce mien corps nettoyé,
Ne t'aura pas ceste grace octroyé?
Si seulement la frange de sa robe
170 Tant de puissance et tant de vertu robe,
Qu'elle peut bien par un simple toucher
Le flux du sang d'une femme estancher:
Et si la terre infertile et sechée
Que ses saincts pieds seulement ont lechée
175 A faict sortir mille crespes divers
Qui n'ont jamais redoutté les hyvers.
Dois tu pas mieux et par meilleur exemple
Ayant servy de sainct lict et de temple
A ce sainct corps l'espace de trois jours   [p. 19]
180 O saincte couche animer le discours,
Et m'enseigner avec peu de parolles
Encore mieux que tous ces vieux idoles
Des temples Grecs, et plus fidellement
Qui m'a ravy mon plus fidelle amant?
185 Que doncques plus tant en vain je ne crie,
Respond moy donc, hé dy moy je te prie,
Dy moy de grace, hé dy moy par faveur
Qu'est devenu mon unique Sauveur."

```
          C'est un grand cas que ceste angoisse forte
190       Tant hors de soy la ravisse et l'emporte,
          Qu'ell'en soit docte et parmy ces regrets
          Elle s'egare aux misteres des Grecs:
          Qu'il semble à voir aux discours qu'elle touche,
          Que quelque esprit prononce de sa bouche
195       Tant de beaux mots: et qu'un cas si nouveau
          N'est point l'enfant d'un si foible cerveau.
          Mais ce n'est pas chose à croire impossible,
          Puisqu'à l'amour rien n'est inaccessible
          Et que ce Dieu sous tels eslancements
200       Fournit assez de matiere aux amants.
          Aux sourds, muets la grace il communique
          Du beau parler, voire de la musique,
          Rend le couard magnanime et vaillant,      [p. 20]
          Le lasche prompt: l'endormy surveillant,
205       L'arrogant humble, et l'indiscret honneste,
          L'imprudent caut, et l'indocte poete,
          Sage le fol, faisant de l'homme un Dieu
          Quand il est chaste, et decoche en bon lieu.
          "Respond moy donc (dict-elle) et me scais dire
210       Qu'est devenu le bien que desire,
          Dis qui l'a pris, et si ce sont volleurs
          Qui m'ont tramé ces ameres douleurs:
          Conte le moy, et m'enseigne la voye,
          Qu'ils vont tenans, affin que je le voye,
215       S'il est en vie, ou si ses ennemis
          Encor un coup contre luy se sont mis:
          Dy le de grace, helas rend obligée
          A ce besoin ceste pauvre affligée!
          Qui fond en pleurs, et qui va reclamant
220       Son Dieu, son maistre, et son fidell'amant.
               Mais tout est sourd à mes complaintes vaines:
          Rien ne respond que ces roches prochaines,
          Sur qui mon oeil contemple et void dressé
          Le grand trophée ou son corps fut percé,
225       Qui tout sanglant, et tout moite de larmes
          Distille encor sous ses vermeilles armes
          Jusques à terre, ou ce grand rouge estang  [p. 21]
          Glace les fleurs d'une lacque de sang.
               De tous costez mes humides prunelles
230       Pleuvent des eaux de tristesse eternelles:
          De toutes parts mes regards sont tournez
          D'espoir aucun mes cris ne sont bornez:
          Ma voix s'escarte errante et vagabonde
          Apres le dueil que mon ame desbonde:
235       Cris, feus et voeus avec mon coeur errant,
          Se vont confondre en un mesme torrent:
          Et ce pendant aucun ne me console,
          Rien ne respond à ma triste parole,
          Tout est muet: rien que ces antres cois
240       Ne font responce aux accens de ma voix.
```

12

```
        L'air refrappé des coups et des atteintes
        De mes regrets remurmure mes plaintes:
        Redit mes cris: mais il donne mes voeux
        Aux vents legers, ainsi que mes cheveux.
245     Dictes donc vents si quelque amour vous touche
        Plus doucement que ceste sourde couche,
        De courtoisie, et dictes seulement
        Qu'est devenu mon plus fidelle amant."
          O comm'alors ce vif et petit monde
250     Souffre en son tout, quand cest amour desbonde
        Ses torrens d'or: tant ceste passion            [p. 22]
        Va par dessus tout autre affection:
        L'effort du mal la tient si bien saisie,
        Qu'elle ne croit dedans sa fantaisie
255     Que cest amour, au coeur que ce desir:
        Qu'à tous les sens cest unique plaisir:
        Tout est bandé sous l'arc de ses merveilles,
        A ses propos, et sa voix, ses oreilles:
        Son nez à l'ambre: à ses yeux sa beauté:
260     Aux pieds sa bouche, au palais sa bonté.
          A tout cela qu'esmeutes et que guerres
        Que plains, que pleurs, sanglots, souspirs, tonneres,
        Ces voeux et feux: A la langue sinon
        Ceste soif seule, et les mots de son nom.
265       Là tumbe et dort d'angoisse travaillée:
        Puis tout à coup en sursaut esveillée
        Se dresse en pieds, et parmy ses combas
        Pour le chercher elle advance le pas:
        Sa tresse au vent, abandonne ses ondes,
270     Qu'il frise et nouë en mille vagues blondes:
        Sa robe claque, ou Zephir courroussé
        Gronde agitant maint reply retroussé;
        Puis court l'endroit que le desir luy monstre:
        Arreste ceux qu'elle treuve et rencontre:
275     Et d'une voix d'amour et de pitié              [p. 23]
        Qui part d'un coeur fendu par la moytié:
        En contemplant (tant l'amour la transporte)
        De toutes pars si quelqu'un d'eux l'emporte:
        Croise ses mains et leur dit tristement
280     S'ils ont point veu son plus fidelle amant.
          Apres, suyvant la douleur qui la guide
        A travers champs, sans secours d'autre guide
        Que de son mal: Alors qu'elle est si pres
        De quelque Cedre, ou de quelque Cipres,
285     Que son transport veut bien qu'elle les voye.
        Elle s'arreste et cent regrets desploye
        A ces longs corps jusqu'au ciel s'elevans,
        Sans langue et voix, qui ne parlent qu'aux vents:
        "Arbres (dit-elle) heureux qui tenez l'estre
290     De mon JESUS mon Sauveur et mon Maistre:
        Et qui touchez d'une juste douleur,
        Avez jetté mainte plainte et maint pleur
```

```
              Quand il est mort: dites race annoblie
              De son trophée: helas je vous supplie,
      295     Parlés à moy, dites moy par faveur
              Qu'est devenu mon unique Sauveur?"
                 Puis les quittant court sur quelque montagne,
              Pour contempler au bas de la campagne:
              Loing estendant ses yeux et ses regards         [p. 24]
      300     Au Nort, à l'Austre, et de toutes les parts.
                 Au moindre bruit d'une feuille qui tremble
              Elle se tourne et s'arreste et luy semble
              Que c'est quelqu'un qui la vient advertir
              Comme JESUS ne faict que de partir
      305     De telle part: Mais ne voyant personne
              Qui luy responde, elle tremble et frissonne,
              Semond les airs, implore les oyseaux,
              Les rocs, les vents, les fleuves et les eaux,
              L'herbe, les fleurs: puis regarde et souspire,
      310     Lamante, plaint, s'avance, se retire,
              Courbe la teste, et cherche fixement
              S'elle verra paroistre son amant.
                 Mais aussi tost à son penser retumbe
              De recourir encores à la tumbe
      315     Ou se rendant plus viste et plus soudain
              Qu'un viste Cerf, ou bien qu'un jeune Dain:
              Qui plain d'amour et d'ardeur vehemente
              Estant en rut court apres son amante:
              Battant du pied, et sa course irritant
      320     Contre les troncs qui le vont arrestant.
              Elle regarde et contemple et revire
              La vuide couche, et se tourne et se vire
              De toutes pars, va, recule, revient,           [p. 25]
              Et comme un tronc immobile devient:
      325     Ore un rayon d'espoir feintement jouë
              D'un feu vermeil sur le ciel de sa jouë:
              Ore de crainte un grand souspir tirant:
              Le sang luy glace, et se va retirant:
              Ore cuidant qu'elle estoit esblouye,
      330     Ore mettant la faute sur l'ouye,
              Crie à la tumbe et la va resommant
              De luy conter ou pose son amant.
                 De ce combat si divers agitée,
              Contre la pierre elle pasme jettée:
      335     Pert ses esprits; son visage couché
              Semblant un lys que la gresle a touché:
              Sa belle bouche entr'ouverte et ja pasle
              Montre en ses arcs sa closture d'opale:
              Et ses beaux yeux seulement demy-clos
      340     Vont tarissant leurs courants et leurs flots;
              Mais de son front blesme et froit goutte à goutte
              Une sueur en perlettes degoute,
              Qui va du col de cristal ruisselant
              Au sein de neige encor tout pantelant.
```

345   Bien tost apres, tremblante, humide, blesme,
    Elle s'esveille et revient à soy-mesme:
    Ouvre les yeux et tire un long souspir   [p. 26]
    Du fond du coeur pour se desassoupir:
    Puis se tournant pensive et taciturne,
350   Assise encor devers ceste saincte urne,
    La regardant luy dict piteusement:
    "Helas, dy moy qui m'a pris mon amant."
        Lors d'une main à grand travail haussé,
    Prenant le bort et s'estant advancée
355   Pour regarder bien avant dans le creux
    S'elle verra son fidelle amoureux.
    Elle apperçoit du bort de cest extase
    Deux petits Dieux aux deux bors du saint vase,
    Au front d'albastre, et de cristal luysant,
360   L'un à la teste et l'autre aux pieds gisant;
    Leur poil est faict d'une tremblante mousse,
    Qui doucement serpentelle et tremousse
    Sous la douce aure, ou les favons encor
    Font ondoyer cent petits fleurons d'or,
365   Au teint de laict une bessone roze
    Vierge, vermeille et tranquille se pose,
    La bouchelette à l'oeil se mariant,
    Ouvre les raix d'un petit oriant:
    Leur petit nez d'un vent de musc et d'ambre
370   Embasme encore ceste royalle chambre,
    Que le sainct Corps du Sauveur inhumé   [p. 27]
    Avoit desja sainctement parfumé.
    Dessus leur dos deux aislettes mollettes,
    En estendant leurs plumettes follettes,
375   D'or et d'azur et de pourpre vermeil,
    Font un tresor à l'Iris tout pareil:
    Leur vestement par mesme privilege
    Se voit plus blanc mille fois que la neige:
    Et que les flots de coton que le vent
380   Meut et secoue aux arbres du levant:
    Mais leurs beaux yeux d'estincelles esclatent,
    Qui font trembler, qui font peur et qui flatent
    Par des regards plus flamboyans et clers
    Qu'aux jours d'esté ne flamment les esclers.
385   Consolez vous, arrestez ces allarmes,
    Belle Marie, et ces fleuves de larmes:
    Cessez vos pleurs, appaisez vos regrets,
    Reprenez coeur, vostre secours est pres.
    Ces beaux amours meus des pleurs et zele,
390   De ceste belle et saincte Damoiselle
    Qui porte un front de langueur revestu,
    Luy vont disant, "Femme, que pleures-tu?"
    A qui soudaine impatiente et lasse,
    D'un sort tremblant, d'une parole casse
395   Elle respond: "Quoy, l'auriez vous treuvé?   [p. 28]
    Parce qu'on m'a mon seigneur enlevé,

```
           Mon Dieu: mon Roy, mon JESUS et mon maistre.
           Et si ne scay quelle part il peut estre:
           De tous costez mes pieds ont tournoyé:
400        Desja mes yeux mon visage ont noyé:
           Le coeur me fend, et mon ame n'envie
           Que de quiter ceste fascheuse vie:
           Tout m'importune, et r'engage mon dueil,
           Rien que JESUS ne scait plaire à mon oeil."
405            Parmy ces pleurs chacune gouttellette
           Qu'elle respand se transforme en perlette,
           Devient un corps clair, rond, plaisant et beau
           Au seul toucher seulement du tombeau.
           Le bort tressainct, d'une si saincte chose
410        Change cest'eau et la metamorphose
           Au mesme instant qu'elle tumbe des yeux
           En blancs cailloux, petits et praecieux.
           Phebus qui point, et l'aube colombine,
           Qui pas à pas, de fleur en fleur chemine
415        Dedans des chars d'argent, de roze et d'or
           Vont recueillant cest unique tresor:
           Puis fondant ces pierrettes sacrées
           Aux bords Indois, ou les Nymphes nacrées
           En les humant les serrerent soudain                [p. 29]
420        Dans leur escaille, et dans leur petit sein.
               Si que depuis les Indoises Karites
           Ont conservé ces perles Marguerites
           Pour les grands Roys qui s'en sont couronnez,
           A diademe et sceptre fleuronnez:
425        Si que despuis la belle Dame en pare
           Poil, col, oreille et le marchant avare,
           Pasle de gain, les pesche et va triant
           Des mers d'Escosse, aux isles d'Orient.
               Ces autres flots, ceste gresle menue
430        Qui degouttant de ceste mesme nue
           Tombe à ses pieds, et tous ces autres pleurs
           A raix d'argent se blanchirent en fleurs:
           Que les Zephirs à l'envy de l'Aurore,
           Et les amours vont porter à leur Flore
435        Pour en broder la peluche des prés,
           Qui depuis lors s'en sont veus diaprés:
               Pendant qu'à bors ces larmes gracieuses
           Roulent en corps de Perles precieuses
           Dans l'urne saincte: ou bien se vont changeant
440        Dessus l'herbage à fleurettes d'argent.
           Pour soulager le feu qui la travaille,
           Tirant un vent bien long de son entraille,
           Tournant arriere et retirant son pas,             [p. 30]
           Voit son JESUS, et ne le cognoit pas,
445        Qui la voit bien et se cache et se jouë,
           Portant ses mains au manche d'une houë,
           Couvrant son dos et son chef sainct et beau
           D'un mantelin et d'un petit chapeau:
```

```
            Qui prend plaisir à voir sa contenance;
450         Et qui cherit beaucoup la souvenance
            Qu'elle a de luy, et qui tient à faveur
            Qu'apres sa mort elle ayme son Sauveur.
              Donc'est-il vray belle et chaste Marie
            De qui le flanc et la bouche ne crie
455         Que plains, souspirs, que sanglots et que voeux,
            Que bruits, que vents, que tempestes, que feux,
            De qui l'oeil triste, en maint deluge baigne
            Les tristes fleurs de la triste campagne:
            Que cest amour vous trouble tellement
460         De ne voir pas à ce coup vostre amant.
              Ou sont voz yeux, ou court vostre pensée,
            Ou fuit vostre ame en sursaut eslancée,
            Et vostre esprit ou s'envole distraict,
            Ou sont voz sens: ce n'est pas un portraict,
465         Ny vain fantosme, ouy c'est celuy mesme
            Que vous cherchez ainsi pleurante et blesme:
            Vostre JESUS le voyla tout à point.         [p. 31]
            C'est vostre amant mais elle n'y voit point:
            Sa passion est si bien desreglée
470         Qu'ell'a des yeux, mais elle est aveuglée:
            Et bien qu'il soit planté contre ses pas
            Elle le voit, et si ne le voit pas:
            Car son amant qui la guette et l'advise
            En jardinier à plaisir se desguise,
475         La fait languir pour luy faire preuver
            Plus doux le fruict qu'elle cherche à treuver.
              C'est le vrai traict d'une personne aymée,
            D'un chaste feu chastement allumée,
            D'un feint oubly quelquefois se cacher,
480         Mesmes à l'oeil qu'elle estime plus cher.
              Un peu de feinte, un peu d'ombre et d'absence
            Esmeut le sens, ouvre la cognoissance,
            Touche le coeur, accroist l'affection,
            Monstrant le beau dans sa perfection:
485         Si bien qu'apres ce trouble et ce nuage
            Coustant plus cher on l'ayme davantage,
            A plus de grace et s'opposant aux yeux
            Couvre les maux d'un oubly gracieux.
              CHRIST fait de mesme, et dit à son Amante
490         D'ou vient le dueil qui si fort la tormente:
            Dit et redit, comme la regrettant,          [p. 32]
            "Que cherches tu, dequoy pleures tu tant?
            Qui va laschant la bonde aux deux rivieres
            De tes beaux yeux, si bruyantes et fieres?
495         Qui meut ces eaux, qui cause ces desbors
            Qui vont noyant ce sepulchre et ses bors?"
              "Las, si tu l'as (dis Seigneur)," luy dit-elle,
            "Ma seconde ame et mon amant fidelle,
            Oste moy tost de langueur et d'esmoy,
500         Si tu l'as pris, si tu l'as, di le moy:
```

```
     Si tu l'as pris dans ceste tombe neuve
     Las, di le moy, affin que je le treuve,
     Qu'en as tu fait: di le moy seulement
     Ou tu l'as mis, mon plus fidelle amant."
505     Voyez un peu quel bel art elle applique,
     Combien de fois elle dit et replique
     "Si tu l'as veu, tu l'as pris, si tu l'as,"
     D'un estomac tout pantois et tout las:
     Comme l'ouye aussi bien que la veue
510  Est vague, errante, et de sens despourveue,
     N'entendant pas que c'est à ceste fois
     Son cher amant, son JESUS, et sa voix:
     Comme l'esprit qui se bande et se tire
     Avec le sens droit au coeur se retire:
515  Comme ce feu trop aspre et trop espais          [p. 33]
     Trouble l'organe et desbauche sa paix.
        Mais ce pendant qu'elle tremble et varie
     JESUS redouble et l'appelle Marie:
     Ce fut alors que ceste voix l'outra,
520  Et que ce mot dans son coeur penetra,
     Que son coeur s'ouvre et son sang se dilatte,
     Monte en sa jouë un pourpre d'escarlatte
     Bruslant et vif et que presqu'espamant
     Elle cogneut la voix de son amant.
525     Ne plus ne moins qu'on voit une bell'ame
     Qu'un desir chaste et vertueux enflamme
     Sous une flamme d'amour et de desdain
     Changer d'assiette et tressaillir soudain,
     Voir approchant de l'huis et de la porte,
530  De ce qu'elle ayme, estre pensive et morte,
     Rougir, pasmer, fondre de joye en dueil
     Si seulement son pied touche le sueil.
        O qu'elle est ayse ayant treuvé sa joye,
     O qu'elle feste, ô que de pleurs de joye
535  Elle respand, alors les tristes flus
     De sa douleur ne vont ne viennent plus:
     Elle l'oeillade et l'admire et l'adore,
     Le voit des yeux et des yeux le devore:
     Baisse la veuë et ne peut voir l'esclair        [p. 34]
540  Que son oeil rend si luisant et si clair,
     Et l'adorant à terre agenouillée
     Sa belle main de son bras despouillée
     En s'allongeant tasche de l'approcher,
     Mais son Seigneur ne se laisse toucher
545  Ains de son doigt qui toute chose avive
     Touchant son front y faict la marque vive
     Qu'on voit encor, que ny l'aage passé,
     Ny mort, ny vers n'ont jamais effacé.
        Ce fut alors qu'elle fut arrosée
550  Non de ses pleurs, mais bien d'une rosée
     Qui goutte à goutte en perles distilant
     Dedans son coeur, le rendit tout bruslant:
```

Ce fut alors qu'elle tendit l'oreille
A ceste bouche en grace nompareille,
555 Qui retenoit au fil de ses devis
Tous les esprits suspendus et ravis:
Il contoit bien de plus mystiques fables
Que ces vieux Grecs, ses parolles affables
Estoient courans d'ambrosie et de miel:
560 C'estoient rayons de lumiere et de ciel,
Doux ravissant, remplis d'une harmonie,
Et d'une odeur doucement infinie
Qui tiroit l'ame et fondoit tous ses sens   [p. 35]
Dedans les coeurs des celestes accens.
565   Pensons un peu de quelle vive flamme,
Et quel amour elle brusloit en l'ame:
Et quel desir agitoit sa raison
De la chasser bien tost de sa prison:
Pensons un peu comm'elle estoit ravie
570 De voir ainsi la fontaine de vie
Si doucement distiller en son coeur
Une si saincte et suave liqueur:
Et comme alors elle estoit attentive
A recueillir cest eau coulante et vive,
575 Et contempler le visage si beau
De ce beau corps revenu du tombeau.
    Autant de traitz que decoche sa face,
Luy sont autant de traitz d'or et de grace,
Chasque rayon, chascun de ses regards
580 Luy sont autant de brandons et de dards.
    Là son amant ne tenoit plus voilée
Ny sa beauté, ny sa face estoilée,
Là son poil d'or et de celeste lin
Flottoit party d'un ruisseau cristalin,
585 Montant du front, là ses ondes meslées
Couroient à bons sur l'espaule annelées,
Que la nature et le ciel admiroit,
Ou le ciel mesme estonné se miroit.   [p. 36]
    Là de son oeil l'esclatante prunelle
590 Faisoit briller quelque chose plus belle
Que feu, qu'esclair, qu'estoille, que Soleil
Qui sort des eaux au point de son resveil.
Ce n'est oeillet, ny rubis que sa bouche,
Car art aucun de peinture ne touche
595 A ces beaux Arcs d'où coulerent jadis,
Et vont coulant les eaux de Paradis.
    Et bien qu'à peindre une petite image
Toute la France à ma main doive hommage:
Et que mes traits hardis subtils et flous
600 Facent Apelle et Tymanthe jalous,
Mon pinceau d'or qui sur sa main se jouë,
Reste confus, aussi bien qu'à sa jouë,
Et qu'à son teint de pur laict et de sang
Qu'on voit meslé de vermeil et de blanc:

605	Ny mon blanc d'oeuf, ou mon blanc de Venise:
	Ma laque d'Inde, ou de Florence exquise:
	Mon Azur d'Acre et mon bleu d'outre-mer
	Peuvent son jour, ny son ombre animer.
	Là mon art cede et là ma main s'arreste,
610	Là ceste amante attentive et muette
	Tombe en extase et voit des yeux son Dieu [p. 37]
	Qui comme esclair disparoit de ce lieu.
	JESUS se part: Magdeleine s'envole
	Battant des mains porter ceste parole
615	A ses Amis enclos dans la Cité
	Qu'elle l'a veu, qu'il est resuscité:
	Car ses poulmons sa voix ont estouffée,
	Qui plains de flamme estoient comme soufflez
620	Des fieres mains des Cyclopes enflez.
	Ceste nouvelle à ses Amis venuë
	Chassa l'ombrage et dissipa la nuë
	De leurs esprits: et contant ses beaux faits
	Veirent sa face et receurent sa paix.
625	JESUS adonc qui veut bien qu'on le voye
	Souffle sur eux, sa grace leur envoye,
	Ouvre leurs sens, l'Incredule a bouté
	Ses doigts aux coups des mains et du costé:
	Quand à Cephas le brave il recommande
630	Son cher troupeau et trois fois luy demande
	S'il l'ayme bien, luy faisant ce beau don
	De ses aigneaux et des clefs du pardon:
	Mais à l'Apostre aymé par excellence
	Un peu plus haut il s'esleve et se lance
635	Car lors ouvrant les coffres du tresor [p. 38]
	Il desploya ceste eloquence d'or,
	Ou le divin Platon ny Pythagore,
	Ny leur esprit n'avoient atteint encore,
	Ny ces Heros que le siecle doré
640	A comme Dieux autrefois adoré.
	Il luy parla d'une philosophie
	Qui change l'homme et qui le deifie,
	Le rend heureux et le fait habiter
	Au sainct palais d'un plus grand Jupiter,
645	Et tant de traitz de doctrine profonde
	Qu'on ne pourroit rediger, quand le monde
	Et tous les coins de ce bas Univers
	Seroient autant de volumes divers.
	Or triomphant apres ceste victoire
650	Dedans un char de nuage et de gloire,
	En s'eslevant peu à peu de leurs yeux
	Visiblement il monta dans les cieux.
	Adonc on vit ceste bande escartée
	Comme un esclair diversement portée
655	De l'Idumée aux estranges cités
	Des coins divers de la terre habitée:
	Courir aux morts, embrasser les supplices,

19

Dedans leur sang establir leurs delices:
Et plains d'audace à la face des Roys [p. 39]
660 Prescher le CHRIST, sa doctrine et sa voix:
Mais l'excellente et la chaste MARIE
Loing de Solyme, et loing de Samarie,
Avec Lazare et Marthe et Maximin
Se vit reduicte à fort triste chemin,
665 Dans une nef vieille, nue et cassée,
De toutes pars couverte et fracassée,
Sans ayde aucun et sans pouvoir ramer,
Au bon plaisir des vents et de la mer.
Quant son Amant qui sur la pouppe veille
670 La fit surgir au phare de Marseille,
L'un des Geans qui brave et sourcilleux
Faict tenir coy l'Espagnol orgueilleux.
Là desployant sa langue et ses oracles,
En peu de temps elle fit des miracles,
675 Gaigna ce peuple et luy donnant la paix,
Tire et va droit à l'antique mur d'Aix,
En bains fameux, où maintenant Astrée
Sous ce grand VAIR de vif pourpre accoustrée,
Sur le Lys d'or et le Throsne Royal
680 Tient la Balance et rend un poix loyal.
Là ne vaquant qu'à pleurs et saincte veilles:
Elle fit luyre un traict de ses merveilles:
Et Maximin simple d'ame et d'habits [p. 40]
Fust retenu pour garder les brebis.
685   Mais ja du monde et de vivre lassée,
De son Amant eust l'estomach blessé.
Quitta citez, quitta Marthe sa soeur,
Pour suyvre un train plus tranquille et plus seur.
    Au ciel benin du coeur de la Provence
690 Un grand rocher affreusement s'advance,
Qui s'eslevant d'un front audacieux
Perce la nuë et voisine les cieux.
Ce grand colosse estrange en sa machine
Tourne sa bosse et sa grand lourde eschine:
695 Sa vaste espaule en descente pliant
Verte et moussuë à l'Austre et l'Oriant:
Et d'une corne eslevée en sa cyme
Droit à son front contemple un grand abisme
Celebre en Pins, desdaignant Apollon,
700 Et les fruicts d'or d'Ieres et de Tholon.
L'oeil gauche voit la grand mer Phocienne,
Et de Cesar la fabrique ancienne,
L'autre le Rosne enfermant de son cours
Avignon l'Alme et ses Papalles tours:
705 Mais son nombril compose un petit antre,
Ou seulement une fois Phoebus entre
Vers le Solstice, à costé regardant [p. 41]
Froid et venteux Borée et l'Occident.
Là sans tarder ceste amante loyalle

710 Court pour bastir sa demeure royalle:
Brusle d'amour et sans point de relais
A Magdelon change ce froid palais:
Souffle d'enhan et pas à pas a'approche
Du costé droit de cest humide roche
715 Pour reposer son beau corps travaillé
Dessus un lict que l'art n'avoit taillé:
Là s'estendant de cent perles brodée,
Sur sa main droite elle tombe accoudée.
Là veut sa vie et ses voeux confiner,
720 Pour sa saincte ame en ses pleurs r'affiner.
Les rameaus d'or et les espesses branches
De son long poil environnant ses hanches,
Dont elle faict un mouchoir precieux
Pour essuyer son visage et ses yeux.
725 C'est ce mesme or, ce sont ces filets mesmes
Ou tant d'amans pendoient transis et blesmes:
C'est ce mesme or qui par haute faveur
Fust le mouchoir des saincts pieds du Sauveur.
Là sans relasche et sans aucune tresve
730 Sa belle bouche et sa langue elle abreve
Des douces pleurs qu'elle va ressussant   [p. 42]
De ce nectar et ce miel se paissant.
    Là chasque jour hors de soy transportée,
Sept fois le jour par les Anges portée
735 Elle goustoit les airs melodieux
De ces amours et de ces petits Dieux.
Là loing du monde et des chasteaux superbes,
N'ayant vescu que d'angeliques herbes
Durant le cours de six lustres parfaits
740 Elle acheva sa carriere et sa paix,
Et fut son ame enlevée des Anges
Avec des chans d'hymnes et de louanges
Loing de sa grotte et du bas Element,
Au throsne d'or de son Royal Amant,
745 Dedans sa Baume affreusement hautaine
De tous ses pleurs laissant une fontaine
De pur cristal et de glas au toucher,
Qu'on voit encor au creux de ce Rocher.
    Flore eut ses pleurs et l'Aurore ses larmes,
750 Echo sa voix, l'amour chaste ses armes,
L'air ses souspirs, le Rocher ses desbors,
Le Ciel a l'ame et Provence le corps.

FIN DES PERLES OU LARMES DE LA

SAINCTE MAGDELEINE.

NOTES

DEDICACE A LA COMTESSE DE CARCES

Elle était mariée à Gaspard de Pontevez, comte de Carcès, sénéchal de Provence (1567-1636). Catholique fervent, il se jeta dans la Ligue à la mort de Henri III. Sa soumission à Henri IV en 1594 entraîna celle du Parlement et de la majorité des catholiques, ce qui mit fin aux conflits religieux en Provence.

PAGE	LIGNE	
3	2	*escloses*: nées.
	3-4	Il va sans dire que le rapprochement des perles et des larmes est un procédé artistique très conventionnel. En désignant les perles comme *filles du Ciel*, César se réfère à la légende de l'origine des perles, nées de la chute d'une goutte de rosée dans une coquille qui était montée à la surface pour la recevoir. Cette semence céleste évoque la naissance de la déesse de l'amour Aphrodite. Le poète suit fidèlement l'hagiographie de la sainte en faisant l'association entre Marie-Madeleine (une Vénus chaste) et la déesse mythologique.
	9	*faux-jour*: lumière sombre et oblique qui donne une autre couleur aux choses.
	14	*parangonnable*: comparable.
	20-21	Dans l'iconographie de Vénus elle est en effet souvent parée de perles, allusion évidente à sa naissance et à sa féminité.
	29-30	Le rapprochement Cléopâtre-Madeleine se base surtout sur le plan de la beauté physique. Ce n'est qu'une autre manifestation de l'accent mis sur les attraits physiques de Marie-Madeleine.
	33-36	Il est question de fioles remplies de larmes, objets connus chez les Romains sous le nom de *urnae lacrymales*.
4	40	Voir Exode XVI, 15-35 et XVII, 6.
	40-45	Il n'est pas étonnant que la Madeleine devienne une figure si connue pendant la Contre-Réforme. Elle était symbole de la confession et de la pénitence, sacrements catholiques que les protestants rejetaient.
	45-50	Comparaison assez évidente - et très flatteuse - de la

		comtesse de Carcès avec Marie-Madeleine, toutes les deux ayant souffert la perte d'une personne tendrement aimée.
	53-55	Allusion à la scène célèbre où Marie verse ses larmes sur les pieds de Jésus. Voir Luc VII, 38.
	55-58	Autre allusion à la naissance des perles.
	62	*d'eslite*: de choix. César n'hésita jamais à se vanter de ses talents poétiques.
	67-68	Lire: *tous les traits les plus delicats*.
6	1	Il s'agit des Charites, Grâces en latin, trois soeurs qui répandent le bonheur dans la nature tout entière. Elles sont le plus souvent compagnes du dieu musicien Apollon. Toutes sortes d'influences sur les oeuvres artistiques leur sont attribuées.
	3-4	Au XVIe siècle un des sens du mot *perle* est "un Livre qui contient les plus beaux compliments ..." (Furetière, *Dictionnaire universel*).
	8-9	Le poète par la du pouvoir presque magique de l'anagramme dans la Préface de son *Entrée de la reine Marie de Médicis à Salon*, nouv. éd., Marseille, Boy, 1855.
	12-13	*CLAROS CLARA DECENT* : Devise de la famille de César: "Les faits illustres conviennent aux hommes illustres".
	17-19	Traduction libre: "Distique d'un auteur/Le nom transposé est un message divin, si l'on croit le destin./La muse nous brûle d'une flamme sacrée, sans nous faire mal".

LES PERLES, OU LES LARMES DE LA SAINCTE MAGDELEINE

PAGE VERS

7	4	Allusion aux jeunes mariés du livre célèbre de l'Arioste, le *Roland furieux*.
	12	Assimilation de la fleur et de la perle, désignées par le même mot, *marguerite*, au XVIe siècle. En latin, perle se dit *margarita*.
	13	*comme*: comment.
	26	Le rapprochement des couples Angélique-Médor et Madeleine-Christ semble à première vue étonnant, étant donné le caractère profane des rapports du couple amoureux dans le *Roland furieux*. On se rappellera aussi que Médor, bien que très beau, jeune et courageux, est sarrasin!

Angélique, capricieuse et fantaisiste, possède des traits de caractère qui ne se prêtent pas non plus à cette analogie. En rapprochant Angélique de Marie-Madeleine, César met l'accent sur la beauté de l'amie de Jésus. Dans le livre de l'Arioste, Angélique est une Orientale égarée en Occident, dont la beauté éclatante attire les plus vaillants chevaliers, qu'ils soient chrétiens ou sarrasins. De plus, il y a deux incidents dans lesquels Angélique doit partir à la recherche de son mari Médor, ce qui n'est pas sans rappeler les efforts de Marie pour retrouver Jésus après la découverte du sépulcre vide. Pour ne citer qu'un seul de ces incidents, Médor est capturé par un géant qui va le faire manger par un monstre. Angélique cherche son amant:

> Où estes vous à cete heure mon amy? où estes vous Medor, car je ne vous voy point? ah respondez à celle qui vous ayme et adore, venez, mon cher Medor, je ne demande que vous; je vous prie ne tardez point tant: je pense que vous vous soyez caché, pour voyr si je vous ayme: ha? pourquoy faites vous maintenant ceste preuve? vous n'estes pas ignorant que je vous ayme: si vous tardez plus, vous me ferez mourir, puis que vous estes ma vie et mon esprit: pourquoy me donnez vous tant d'ennuy? ne vous cachez plus, descouvrez moy vostre beau visage, et ne me donnez occasion de pleurer. Echo respond à ces douces parolles et non pas Medor ... (*La Suite de Roland furieux*, trad. par Gabriel Tourangeau, Lyon, Honorati, 1583, pp. 101-102).

On verra qu'il est probable que César s'inspire directement de l'Arioste.

8 33 A part le fait que l'opale est une pierre précieuse de grande beauté, il faut se rappeler aussi sa forme arrondie, comme celle de la perle.

    35 *desborts*: eau qui déborde.

    42 Marie arriva au sépulcre à l'aube. Voir Jean XX, 1.

    57 *blondoye*: est blond.

    60 *Favon*: nom latin du vent d'ouest, vent doux qui souffle au printemps. Les Grecs l'appelaient *zéphir*, nom beaucoup plus usuel.

    65 *Vague*: de grande étendue, vide.

9 89 *l'Element et le Pole*: la mer et la terre.

    102 En contact avec l'aimant, la pierre calamite se magnétise.

109-112   Voir Matthieu XXVI, 20-29; Marc XIV, 17-25; Luc XXII, 14-20; Jean XIII, 21-30.

113-116   Allusion possible à la forme de paraboles des leçons du Christ. Saint Jean est *L'apostre aymé*.

119   Le laurier était consacré à Apollon, dieu de la divination.

120   Dans la mythologie païenne, les Naïades, divinités des eaux courantes, possédaient des pouvoirs divinatoires.

128   Il s'agit du célèbre oracle de Dodone, chêne sacré dont on écoutait le murmure causé par l'air parmi ses feuilles. Les *valets* renvoient à ceux qui étaient chargés d'écouter les voix et d'annoncer la prophétie aux prêtres.

131-132   Les Egyptiens adoraient un taureau sacré qui aurait été doué du don de prophétie. Après la mort de cet animal, son nom changea en Osor-Apis, qui, par contraction, devint Sérapis chez les Grecs.

137-140   Les vers 137-140 portent sur Apollon, le grand dieu divinatoire. Il tua le dragon Python, gardien de l'oracle de Delphes. L'antre où l'on consultait l'oracle était une énorme caverne. Le loup lycien était un animal consacré à Apollon.

145-152   Il est intéressant de noter que Marie ne nie ni l'efficacité ni l'existence des oracles antiques: c'était tout simplement le diable qui servait d'impulsion aux pouvoirs divinatoires.

166   Il y a de nombreuses sources évangéliques où il est question des miracles du Christ. Il suffit de se rapporter à Luc VII, 21-23. En ce qui concerne l'eau changée en vin, voir Jean II, 6-9. Pour la résurrection des morts, l'exemple le plus connu est sans doute celui de Lazare, frère de Marie-Madeleine; voir Jean XI, 17-44.

167   Voir Luc VIII, 2. Ce passage biblique ne précise pas s'il s'agit de la pécheresse de Luc VII, 37-50, mais la tradition patristique ne voit qu'un seul et même personnage dans les deux épisodes.

172   Luc VIII, 43-48.

174   *lechée*: touchée doucement, frôlée.

176   Référence possible à la parabole de l'ivraie, Matthieu XIII, 24-43, où le semeur du bon grain est Jésus, où le champ est le monde, où le bon grain représente les fidèles, etc. L'image du seigneur comme jardinier est

		très fréquente.
11	194-196	La brillante éloquence de Marie-Madeleine quand elle prêchait aux idolâtres en Provence est un lieu commun dans l'hagiographie.
	206	*caut*: prudent, avisé.
	208	*decoche*: lance avec force; ici, vise avec justesse.
	226	*armes*: mot ambigu qui renvoie, peut-être, aux clous sanglants qui restent enfoncés dans la croix.
	234	*desbonde*: laisse sortir.
	239	*cois*: silencieux.
12	249	*ce vif et petit monde*: le corps de la Madeleine.
	256	*plaisir*: service, devoir. Le mot ne suggère pas que ses souffrances lui plaisent.
	257	*bandé*: tendu.
	258-260	Lire: Tous les sens de Marie sont en éveil, à l'affût de son amant Jésus, l'ouïe (v. 258), l'odorat et la vue (v. 259), le toucher et le goût (v. 260).
	265-280	Ce passage rappelle une aventure du *Roland furieux* dans laquelle Angélique recherche son bien-aimé Médor:

Ainsi elle s'en alla toute seule, demandant par tous les villages qu'elle trouve, nouvelles de son mary: et elle n'en peut avoir aucunes, et pourtant va elle errant deçà delà, en grande peine, tristesse et ennuy, et se lamente incessament. (*Roland furieux*, p. 76, voir aussi la note du vers 26, page 7). |
| 13 | 293 | D'après le symbolisme des conifères, les cèdres et les cyprès sont des arbres sacrés qui représentent l'immortalité. Dans l'iconographie chrétienne, le coeur d'un cèdre sert parfois de lieu de repos pour le Christ, d'où vv. 289-290. En plus, dans Ezéchiel XVII, 22-23, il est dit que la maison de David est représentée par un grand cèdre; un rameau de cet arbre coupé et planté par Dieu deviendra le Christ. Une autre association entre ces arbres et le Sauveur est la tradition qui veut que la croix ait été de bois de cèdre. Ici César semble mélanger ces deux arbres, bien qu'ils soient tout à fait distincts l'un de l'autre. |
| | 300 | *l'Austre*: le sud. |

	307	*semond*: demande.
	318	Cette comparaison est, pour nous autres modernes, quelque peu étonnante!
	321	*revire*: tourne autour.
	326	*ciel de sa joue*: pureté, blancheur de sa joue.
	332	*pose*: repose.
	337	*ja*: maintenant.
14	348	*desassoupir*: réveiller.
	357	*extase*: évanouissement.
	358	Cette apparition se voit dans chaque livre des Evangiles. Voir Matthieu XXVIII, 17; Marc XVI, 5-8; Luc XXIV, 3-7; Jean XX, 11-12. Il est intéressant de noter que les anges de la Bible deviennent chez César deux Amours (v. 389).
	362	*tremousse*: se remue doucement.
	363	*aure*: souffle vital.
	365	*bessone*: double.
	376	*Iris*: Messagère des dieux dans la mythologie grecque, elle personnifie l'arc-en-ciel.
	388	Remarquer que le narrateur s'adresse directement à Marie-Madeleine, procédé qui donne plus de force et de vivacité au texte. Cette technique est identique à celle qu'utilise Origène dans son homélie sur Marie-Madeleine (IIIe siècle).
	394	Coquille. L'autre lecture est: *d'un* fort *tremblant*, ce qui convient mieux au contexte.
	395-404	Le fait que Marie répond à cette apparition étonnante avec tant de tranquillité ne fait que mettre en relief ses préoccupations: elle ne parle aux angelettes que pour se renseigner sur ce que devint Jésus.
15	413	*columbine*: de la nature de la colombine; doux, vertueux, pur.
	417	*fondant*: versant.
	418	Les *Nymphes nacrées* sont les huîtres.
	434	*Flore*: déesse des fleurs et du printemps.

	442	*entraille*: siège des émotions.
	446	Marie prend le Christ pour un jardinier dans un seul livre évangélique, Jean XX, 13-16. L'image du Christ comme jardinier existe de longue date dans la tradition chrétienne.
16	460	*voir*: reconnaître. L'accent mis sur le côté humain, l'affolement de Marie, pour expliquer sa méprise est caractéristique de la poésie de dévotion. Il faut ajouter, néanmoins, que le fait de ne pas reconnaître "vostre amant" peut s'interpréter comme la réalisation d'une prophétie de Job XVI, 16: "Mon visage est rougi par les larmes; une ombre épaisse s'étend sur mes paupières".
	473	*advise*: regarde au visage.
	489	Ici le Sauveur prend des traits qui font penser à Médor du *Roland furieux*, amant galant et enjoué.
	491	*regrettant*: plaignant.
17	508	*D'un estomac tout pantois*: d'un sein tout pantelant.
	513	*se bande et se tire*: se révolte et de dégage.
	516	*desbauche*: dérange.
	519	*outra*: accabla.
	521	*se dilatte*: s'étend dans ses veines.
	523	*espamant*: pâmant.
	537	*oeillade*: jette un regard amoureux. Evidemment, Marie-Madeleine prend le caractère de jeune amoureuse ici.
	542	Lecture probable: La main de Marie est séparée du bras du Christ.
	545-548	Bien que cet incident ne se trouve nulle part dans la scène de rencontre biblique, le contact entre Marie et Jésus entre dans l'hagiographie provençale de la sainte. Cette marque serait restée visible, même après sa mort. En 1279 Charles d'Anjou fit creuser le sépulcre supposé de Marie, et l'on aurait reconnu sans hésitation ses restes, car il adhérait à son front un morceau de chair qui aurait marqué la place où Jésus l'avait touchée. Dans la Bible, lorsque Jésus apparaît devant les disciples, il "souffla sur eux et leur dit: 'Recevez l'Esprit Saint. Ceux à qui vous remettrez les péchés, ils leur seront remis. Ceux à qui vous les retiendrez, ils leur seront retenus'" (Jean XX, 22-23). Malgré le fait que la Madeleine n'appartient

pas au groupe, son hagiographie fait d'elle "l'apôtre des apôtres". La marque que fait le doigt du Sauveur quand il lui touche le front est sans doute le symbole de l'Esprit Saint et le témoignage de la place de choix attribuée à Marie-Madeleine, la première à avoir reçu la grâce du salut.

18	555	C'est le moment où le Christ accorde à Marie-Madeleine la célèbre éloquence dont il s'agissait déjà aux vv. 189-196.
	563	*tiroit*: délivrait.
	574	Jean IV, 14: "... celui qui boira de l'eau que je lui donnerai n'aura jamais soif; au contraire, l'eau que je lui donnerai deviendra en lui une source jaillissant en vie éternelle".
	586	*annelées*: disposées en anneaux, bouclées.
	600	Il est question de deux peintres anciens, dont le plus célèbre est Apelle, contemporain d'Alexandre et de ses successeurs. Dans la première période de sa carrière, il se signala par les portraits de son mécène Alexandre; vers la fin de sa vie il se consacra à la peinture mythologique. Il est à remarquer qu'Apelle mourut en travaillant à un tableau d'Aphrodite, une peinture très admirée chez les anciens. Timanthe, qui vécut au IVe siècle av. J.-C., excellait dans la peinture expressive; son chef d'oeuvre fut un "Sacrifice d'Iphigénie", qui aurait traduit à merveille les émotions éprouvées par les différents personnages de la scène. César veut faire croire qu'il est un peintre de portraits expressifs et qu'il peint une nouvelle "Aphrodite", mais chaste, fidèle et, avant tout, chrétienne.
19	616	Voir Jean XX, 18.
	620	Les Cyclopes étaient forgerons de la foudre divine et fabricants de toutes les armes des dieux.
	627-628	C'est l'apôtre Thomas; voir Jean XX, 24-29.
	629-632	C'est Simon Pierre, encore appelé Céphas, équivalent sémitique de Pierre; voir Jean XXI, 15-19, La triple demande (v. 630) fait écho au triple reniement de Pierre lors de l'arrestation de Jésus.
	633	Bien que l'apôtre bien-aimé ne soit jamais nommé dans les Evangiles, il s'agit de Jean. Il se reconnaît lui-même comme auteur de l'Evangile selon saint Jean à la fin du livre.
	637	*Platon-Pythagore*: Ces deux philosophes étaient cités

		maintes fois comme modèles de l'éloquence et du style clair et élégant.
	647-648	Lire: quand l'histoire du monde aura été achevée.
	655	*Idumée*: le pays des Edomites, qui se situaient à environ 26 kilomètres au sud de Jérusalem.
20	670-672	Marseille fut toujours considéré comme un rempart contre les Espagnols. L'autre "géant" est probablement Toulon, où une grosse tour, qui était censée interdire toute attaque venant de la mer, fut élevée en 1514.
	677	*Astrée*: déesse de la justice.
	678	Guillaume du Vair (1556-1621), premier président du Parlement de Provence. Dans son *Histoire et chronique de Provence*, César dit de lui: " ... à l'adventure le premier et le plus rare de tous en éloquence, pure doctrine, et nette parole, et sans premier en splendeur de vie, exemple d'honneur, probité de moeurs, incomparable et irreprochable intégrité: au surplus doux ..." (p. 1081).
	683-684	Selon la légende, Maximin est le premier évêque d'Aix-en-Provence.
	686	*estomach*: poitrine, métonymie pour le coeur.
	690	Il s'agit d'une montagne sauvage à l'est de Marseille; c'est un "rocher eminent de quatre-vingts seize toises d'hauteur ou de septante deux canes, qui est la mesure du Païs de Provence, tout escarpé et cizelé, comme s'il eût été travaillé avec le marteau par la main des Hommes". Vincent Reboul, *Histoire de la vie et de la mort de Sainte Marie Magdeleine*, Marseille, Brebion, 1682, pp. 23-24. Quatre vers tirés de l'épopée dévote de Pierre de Saint-Louis (voir l'Introduction, note 15), présentent une ressemblance aux vv. 689-692:

>Dans le plus beau terroir de la belle Provence,
>Une haute montagne entre toutes s'avance,
>Portant si bien son bois, jusqu'au milieu des Airs,
>Qu'il semble qu'elle soit, le thrône des Desert [*sic*]
>(p. 10).

	699-700	Si cette forêt "dédaigne" Apollon, c'est qu'elle n'a pas de lauriers, l'arbre qui a le plus de rapports avec ce dieu. Quant aux *fruicts d'or* des villes de Toulon et d'Hyères, César évoque probablement les nombreux orangers de la région. Dans leur *Voyage*, entrepris en 1656, Chapelle et Bachaumont narrent leur passage à la Sainte-Baume:

Que c'est avec plaisir qu'aux mois
Si fâcheux en France et si froids,
On est contraint de chercher l'ombre
Des orangers qu'en mille endroits
On y voit, sans rang et sans nombre,
Former des forêts et des bois!
(Chapelle et Bachaumont, *OEuvres*, éd. Tenant de la Tour, nouv. éd., Paris, Jannet, 1854, p. 92).

701 *Phocienne*: la Méditerranée.

702 C'est, peut-être, une allusion à la ville de Toulon, centre de la fabrication de la pourpre au temps de l'Empire romain.

705-708 Dans ces vers il est question d'une grande caverne nommée la Sainte-Baume, qui devint un lieu de pèlerinage au Moyen-Age.

706 *Phoebus* : le soleil.

716 Lire: de formation naturelle. "Dans ladite Caverne il y a un petit recoin de rocher, qui est élevé de huit ou six pieds pardessus le pavé, auquel cette sainte Penitente se retiroit de temps en temps pour y vaquer à la contemplation avec plus de repos; il est fait en forme d'un lit, aïant dix pieds de longueur et huit de largeur ..." (Reboul, p. 30).

728 Allusion à Luc VII, 37-38 et à Jean XII, 3, là où Marie oint les pieds de Jésus et les essuie avec sa chevelure.

733-736 D'après la légende provençale, pendant sa vie d'ermite Marie est emportée au ciel où elle écoute des chants divins qui lui servent de nourriture. Tout comme les sept démons que le Christ chassa du corps de Marie (v. 167), l'élévation de Marie-Madeleine qui se fait sept fois par jour paraît avoir ses origines dans la notion gnostique selon laquelle l'âme se dépouille et se purifie de sept "vêtements" correspondant aux pouvoirs malins avant de pouvoir accéder au ciel. Voir Majorie M. Malvern, *Venus in Sackcloth: The Magdalen's Origins and Metamorphoses*, Carbondale, Southern Illinois University Press, 1975, p. 33.

739 *six lustres*: trente ans.

747 *glas*: verre.

748 "A l'intérieur de la grote est une fontaine qui ne tarît point dans les plus grandes secheresses et dont le réservoir ne desborde jamais dans les pluyes les plus abondantes" (Reboul, p. 31).

TABLE DES MATIERES

FRONTISPICE (Sainte Madeleine transportée au ciel, Ecole de Fontainebleau) II

Introduction V

Note sur le texte XXV

Bibliographie XXVI

LES PERLES, OU LES LARMES
DE LA SAINCTE MAGDELEINE

Notes 22

jc